Melanie Stalner

Richtig selbstbewusst!

Finde (zurück) zu deiner Stärke!

„Ich bin wer? Ich bin!“

Deutsche Erstausgabe: Oktober 2019

Umschlaggestaltung: Ulrich Bathge

Impressum:
Ulrich Bathge, Am Schein 13, 40470 Düsseldorf
melanie.stalner@googlemail.com

ISBN-13: 978-169-845159-6

Inhalt:

1. Wunsch und Widerspruch.
2. Gleich und Gleich,
3. Entwickle Achtsamkeit!
4. Lerne dich zu entspannen!
5. Befreie dich vom Ballast!
6. Sei nett zu dir!
7. Entwickle Visionen für deine Zukunft!

(K)ein Vorwort

Lieber Leser!

Du hast den Titel gelesen, soeben die erste Seite aufgeschlagen, und fragst dich möglicherweise, was das Ganze denn nun soll.

„Richtig selbstbewusst!“? Wie kommt jemand, der sich doch eigentlich im Wesentlichen mit dem Umgang mit soziopathischem Verhalten beschäftigt, dazu, ein solches Buch zu schreiben? Ratgeber dieser Art gibt es schließlich wie Sand am Meer, ebenso wie Fitnessratgeber, Erziehungsratgeber…

Nun, der Anlass, der mich dazu gebracht hat, dieses Buch zu verfassen, liegt schon eine geraume Weile zurück. Denn vor ein paar Jahren stieß ich in einer angesehenen deutschen Wochenzeitschrift auf einen Artikel, dessen Titel sofort mein Interesse weckte, denn er lautete: „Der Mann, das aussterbende Geschlecht“(oder so ähnlich)!

Der Verfasser jenes Textes beschäftigte sich im Wesentlichen mit der Frage, ob der Mann nicht prinzipiell nur eine Art Überbleibsel früherer Zeiten sei. War es nicht möglich, dass die Evolution das „männliche“ Modell schon längst überholt hatte, sodass dieses in Zukunft gar nicht mehr benötigt wurde?

Lachend tat ich das Ganze damals als Nonsens ab, doch seltsamerweise ging es mir in all den folgenden Jahren nicht mehr aus dem Kopf. Immer wieder ergab sich ein Anlass, aus dem ich an den Artikel zurückdenken musste, auch wenn ich mich an dessen eigentlichen Inhalt von Mal zu Mal weniger erinnern konnte.

Und dabei beschäftigte mich immer weniger die Frage, wieso ausgerechnet der Mann hier als „aussterbendes Geschlecht“ bezeichnet wurde. Nein, mir wurde stattdessen immer mehr bewusst, dass der Verfasser ebenso hätte postulieren können, die Frau sei das aussterbende Geschlecht, dies aber – aus welchen Gründen auch immer - nicht getan hatte.

Ich hingegen stellte im Laufe der Zeit jedoch mehr und mehr fest, dass ich auf die Frage, was eigentlich eine „richtige“ Frau, was einen „richtigen“ Mann ausmachte, keine Antwort wusste. Was verstand man eigentlich unter dem Begriff „männlich“, wieviel „Mann“ brauchte eine moderne Gesellschaft denn tatsächlich, und wie sollte es um diese „Zutat“ bestellt sein? Und wie definierte man den Begriff „weiblich“, was machte eine „richtige“ Frau aus und welche Rolle spielte sie im menschlichen Zusammenleben?

Zweifel nagten an mir, als ich mich daran zurück erinnerte, wie selbstzufrieden und überlegen mein Lachen gewesen war, als ich den Artikel gelesen hatte. Hätte ich denn auch gelacht, wenn von der „Frau“ als aussterbendem Geschlecht die Rede gewesen wäre?

Erneut fragte ich mich, weshalb jemand eine derartige Frage überhaupt in den Raum stellte? Und da, mit einem Mal wurde mir bewusst, dass die Quelle dieser Überlegung in der Untersuchung dessen zu finden war, was man gemeinhin als Selbstbewusstsein bezeichnet.

Ein Mensch entwickelt sich schließlich nicht einfach aus sich selbst heraus. Vielmehr sind es die zahlreichen bewussten, unbewussten und unterbewussten

Erfahrungen und Einflüsse, denen er von Geburt an – nein, sogar schon in der Zeit vor der Geburt – ausgesetzt ist.

„Die Welt drückt dem Menschen ihren Stempel auf!"
Genau und es ist ein Druck, der manchmal so tief reicht, dass er Teile unseres Gefüges verletzt, möglicherweise sogar zerstört.
Vieles von dem, womit uns dieser Stempel prägt, mag Schicksal oder Zufall sein, das meiste jedoch resultiert letztendlich aus der gesellschaftlichen Wirklichkeit, die uns umgibt, uns vertraut ist. Denn gegen das Vertraute kann sich der Mensch am wenigsten wappnen.

Zunächst einmal sind da natürlich unsere Eltern, die uns prägen. Wir orientieren uns an ihren Verhaltensweisen, setzen uns mit ihnen auseinander, ahmen sie nach oder versuchen früher oder später Widerstand gegen sie zu leisten. Dennoch sind es gerade die elterlichen Anschauungen und Sichtweisen, die sich uns von Beginn an einprägen. Und auf ihnen basiert unser abstraktes Modell von Gut und Böse, von Richtig oder Falsch.

Und - ob wir es nun wollen oder nicht - dieses persönliche Wertemodell ist mitentscheidend dafür, wie wir selbst uns im Umgang mit anderen Menschen verhalten, ob und wie wir letztlich eine Partnerschaft ausfüllen und auf welche Art wir unserer Lebensziele verfolgen, ja möglicherweise sogar, ob wir überhaupt welche haben.

Die Schulzeit ergänzt dieses kindliche Weltverständnis möglicherweise noch durch neue Vorbilder, ist aber letztlich kaum noch ausschlaggebend, da die wesentlichen Impulse dafür in der Regel bereits bis zum 8. Lebensjahr angelegt sind.

So gesehen ist es also ein von der elterlichen Erziehung – oder deren Fehlen – geschnürter möglicherweise heimtückischer Rucksack, der uns von Kindheit an durch unser Leben begleitet. Sein Inhalt gibt Aufschluss darüber, wie beispielsweise die Antworten auf die folgenden Fragen lauten:

Wieviel Eigenverantwortlichkeit haben wir gelernt?

Wieviel soziale Intelligenz haben wir entwickelt?

Inwieweit sind wir dazu in der Lage, sachlich zu streiten?

Können wir unser emotionales Verhalten kontrollieren?

Können wir unsere Meinung vertreten?

Sind wir psychisch abhängig vom Wohlwollen unserer Umgebung?

Sind wir empathiefähig?
…

Diese Reihe ließe sich noch beliebig fortsetzen. Letztlich ist das Substrat all dieser Fragen jedoch nicht mehr und nicht weniger als eine einzige Frage:

Haben wir von Kindheit an ein gesundes Selbstbewusstsein entwickelt?

Dieses kleine Buch will sich in den ersten beiden Teilen mit dieser Frage beschäftigen, wobei sich der erste Teil spezifisch an die Frau richtet, der zweite Teil hingegen an den Mann.

Ich habe diese Trennung bewusst gewählt, damit sowohl der weibliche als auch der männliche Leser nicht abgelenkt werden und sich individuell angesprochen fühlen.

Der dritte Teil hingegen richtet sich ohne Unterschied an Mann und Frau und soll Wege aufzeigen, die dabei helfen aus unserem Selbst Kraft zu schöpfen und damit das zu gewinnen, was wir gemeinhin als „Selbstbewusstsein“ bezeichnen.

Teil I. Für die Frau

1. „Was für ein Weib!?“

Über die Frau und ihre Identität sind mehr Bücher geschrieben worden, als in der durchschnittlichen Stadtbibliothek Platz haben. Und dennoch (oder gerade deshalb) ist Frau auch heute noch verunsichert, wenn es für sie darum geht, ihren Weg zu finden.

Wir wissen viel über die Gesellschaftsordnungen der vergangenen fünfhundert Jahre, wenig über die Gesellschaftsordnungen aus den tausend Jahren davor und fast nichts über Jahrtausende, ja Jahrhunderttausende, die davor lagen.

In den 80er Jahren des 20. Jahrhunderts hatten Linguisten die Theorie entwickelt, dass vor etwa 5.000 bis 6.000 Jahren eine überwiegend matriarchalisch geprägte europäische Gesellschaft im Zuge einer Wanderungsbewegung aus Vorderasien assimiliert wurde und schließlich durch eine mehrheitlich patriarchalische ersetzt wurde.

Dass mit dieser Entwicklung eine Veränderung der Stellung der Frau eingehen musste, ist sicher unbestreitbar.

Es ist kaum 150 Jahre her, dass diese erneut einem tief greifenden Wandel unterworfen wurde. Mit der Einführung des aktiven und passiven Frauenwahlrechts in den Industriestaaten, den 68ern und der aktuellen Debatte über das „dritte Geschlecht“ stehen wir nun wieder an der Schwelle zu einem neuen Zeitalter der Geschlechtdefinition.

Dies wirft für Frau und Mann wieder einmal die Frage auf, wie sie ihre Position in der Gesellschaft verstehen – die Grundlage für das individuelle Selbstbewusstsein.

Besonders schwierig ist dies für die Frau, da ihr von Natur aus eine besondere gesellschaftliche Funktion zukommt. Die Frau ist von Natur aus darauf ausgerichtet, Mutter zu werden, ob es ihr nun passt oder nicht. Sie muss sich mit dieser Rolle auseinandersetzen, ob sie will oder nicht, und niemand außer einer Frau kann nachvollziehen, was diese „Programmierung der Natur" in ihr auslöst.

Ebenso wenig wie Frauen wirklich Männer sein können, funktioniert das andersherum. Selbst wenn sie es versuchen, so bleibt es doch nichts weiter als eine mehr oder weniger gelungene Imitation des anderen Geschlechts.

Gerade aber die zeitgemäße Verwischung der Geschlechterunterschiede hat dazu beigetragen, das eigene Selbstbewusstsein anzuzweifeln und demzufolge häufig das Vertrauen in sich selbst zu verlieren.

Wenn auch neu verpackt, so ist es heute die Flucht in alte (oder neue) Klischees, die scheinbare Sicherheit verspricht. Während vor zweihundert Jahren spätestens die Heirat der bis zu einem gewissen Grade möglichen eigenständigen Entwicklung des Mädchens ein Ende bereitete, ist es heute ein erfolgreiches Berufsleben, dass jedoch im Einklang stehen muss mit körperlicher Attraktivität und Multitasking-Vermögen.
Hat die Frau wirklich ihre Unabhängigkeit gewonnen? Oder hat sie sich nicht vielmehr zur Sklavin weiterer Abhängigkeiten gemacht, indem sie einen unmöglichen

Spagat versucht, der sie letztlich in der Mitte auseinander zu reißen droht?

Eine ungesunde Entwicklung, denn diese Mehrfachbelastung begünstigt unter Anderem einen vorzeitigen Burn-Out. Das ist kein Wunder, denn wer permanent dazu gezwungen ist, sich an der von der Umwelt an ihn gestellten Erwartungshaltungen messen zu lassen, muss zwangsläufig irgendwann seine Gesundheit einbüßen.

Denn die wenigsten Frauen verfügen – insbesondere in unserer zunehmen vereinzelten Gesellschaft - über die notwendige familiäre Unterstützung, um diese umfangreichen Wirkungsbereich entspannt und erfolgreich bewältigen zu können.

Die Verpflichtung zur Selbstbestimmung hat also letztlich ständiges Scheitern oder Beinahe-Scheitern zur Folge - erreicht also somit häufig nicht das angestrebte Ziel – gesteigertes Selbstbewusstsein – sondern oft eher das Gegenteil.

2. „Sei ein gutes Mädchen!“

„Sei brav!“

„Führe dich nicht auf wie eine Furie!“

„Sorge gut für deinen Mann!“

Sätze dieser Art sind jeder Frau geläufig. Viele davon hast du sicher oft genug gehört und hassen gelernt. Es gibt unzählige vergleichbare, die ebenso dazu dienen, Selbstempfinden und Selbstbewusstsein von Kindheit an zu reglementieren oder möglicherweise sogar schon von Beginn an zu ersticken.

Irgendwann ist dann der Zeitpunkt erreicht, wo Frau den Inhalt dieser Sätze gar nicht mehr zu hören braucht, die Stimme, in der sie vorgetragen werden, in der Selbstgefälligkeit und Scheinheiligkeit mitschwingen sind schon längst zu Worthülsen verkommen.

Irgendwann hört Frau scheinbar darüber hinweg, doch der Stachel solcher vorgeblich „guten“ Aufforderungen schmerzt immer wieder aufs Neue. Und es sind genau solche Sätze, die verhindern, dass ein Mensch zu sich selbst ein positives Verhältnis gewinnen kann.

Anderthalb Jahrhunderten Emanzipation haben es nicht vermocht, die Grundvorstellung zu beseitigen, dass eine Frau sich einzufügen, anzupassen hat, wenn sie ihren richtigen Platz in der Gesellschaft finden will. Daran haben weder die 68er, noch Pussy Riot etwas ändern können, und wenn es der einen oder anderen Frau dann doch gelingt kompromisslos ihren persönlichen Weg zu gehen, dann scheuen die meisten Menschen zurück. Beim Mann hätte es höchstens ein bewunderndes Seufzen zur Folge gehabt. Denn mehr als der Mann ist die Frau gebunden sich am gesellschaftsmodischen Mainstream entlang zu hangeln und den widersprüchlichen Erwartungen, die die Gesellschaft an „die Frau“ stellt, gerecht zu werden.

Emanzipiere dich, aber nicht zu sehr!
Passe dich an, aber gehe deinen Weg!
Habe Kinder, aber werde bloß kein Hausmütterchen!
...

Eine matriarchalische Gesellschaft ist für uns heute kaum noch vorstellbar. Das Prinzip „Männlichkeit“ ist nach wie vor, das Maß aller Dinge, auch wenn die Wölfe von heute oft genug Schafspelz tragen, nicht nur im Innenfutter ihrer Steppjacken.

Entscheidend für die Tochter ist die Bindung zu ihrer Mutter. Wenn die Mutter die Tochter gefällig für das autoritäre männliche Prinzip erzogen hat, möglicherweise aufgrund einer traumatischen Reminiszenz an lang zurückliegendes erfolgloses persönliches Aufbegehren, so ist auch die Tochter gefangen in diesem Prozess.

Denn viele Mütter neigen ihren Töchtern gegenüber dazu, diese zu stellvertretenden verjüngten Ausgaben ihrer Selbst zu erziehen.

Und jeder Mensch, der gezwungen ist, eine solche Rolle auszufüllen, spürt die Problematik, die damit verbunden ist, in seinem Inneren, was sich unbewusst in Unsicherheit und fehlendem Selbstbewusstsein zeigt.

Die Tochter befindet sich hier in einer besonders schwierigen Rolle, da sie zudem seitens des Vaters auch dahin erzogen wird, später im Leben diejenige Rolle auszufüllen, die der Vater ihr zugestanden hat.

3. Das Ur-Prinzip „Frau“

Fruchtbarkeitssymbol, Mutter, Gefährtin, Hüterin des Feuers! Wenn wir uns mit der Bedeutung der Frau in den verschiedenen Kulturen auseinandersetzen, so stoßen wir immer wieder auf dieselben Stereotypen. Stereotypen und Klischees sind zwar auf den ersten Blick hilfreich und geben uns eine scheinbare Sicherheit, sie verstellen aber auch unseren unvoreingenommenen Blick für die Wirklichkeit und schaffen so geistige Sackgassen, in denen wir uns selbst verlieren.

Die ältesten Artefakte der menschlichen Kulturgeschichte lassen uns zwar erahnen, welche Bedeutung selbst die Gesellschaften frühester Zeiten der Frau zuschrieben, jedoch nicht, wie es letztlich um ihre gesellschaftliche Position bestellt war. Welche Rechte besaß die Frau und welches Ansehen genoss sie in früheren Gesellschaften? Gab es eine Art von Rollenverteilung, wie war sie beschaffen und wie wurde sie bewertet? Wurde die Frau für das, was sie tat, geachtet oder erhielt sie dafür keine Anerkennung?

Immer wieder gab es Frauen, die mit Rollenklischees brachen, die sich nicht einfach mit dem zufrieden gaben, was ihnen die Welt zuzustehen bereit war.

Eleonore von Aquitanien, Jeanne d’Arc, Elisabeth I, Maria Theresia, Else Lasker-Schüler sind nur einige Persönlichkeiten, die in einer patriarchalischen Gesellschaft ihren Weg gegangen sind, was aber – wenn man von Maria Theresia mal absieht - oft mit einer Distanz zu ihren Geschlechtsgenossinnen einher ging.

Sie gingen den „männlichen“ Weg und bis heute hat sich daran noch immer nicht viel geändert. Um in der Gesellschaft bestehen zu können, muss die naturgegebene Mutterrolle paradoxerweise wohl ausgelagert werden. Die meisten der genannten Berühmtheiten haben bekanntlich auf Partnerschaft oder Kinder verzichtet.

Darüber hinaus hatten sie immer wieder mit Anfeindungen zu kämpfen, mit denen Männer nur selten zu tun hatten. So schoben insbesondere die drei Weltreligionen die Schuld für Gewalt und Krieg auf der Erde von Beginn an auf die Frau: Eva.

Es sei die Frau, die letztlich das Leid auf der Welt verursacht habe. Ursprünglich habe der Mann zufrieden im Paradies gelebt, und wäre da nicht Eva entstanden - pikanterweise aus der männlichen Rippe, die als solche wohl auch schon den Keim des Sündenfalls in sich trug – dann würde er das auch noch heute. So aber gab Eva Adam den Apfel, verführte ihn und zerstörte damit die Hoffnung auf das Paradies.

Die Frau als Verführerin, die den Mann vom Wege abbringt und somit scheitern lässt, ist ein äußerst fragwürdiges Motiv, das sich wie ein roter Faden durch die christlich-abendländische Kultur der vergangenen Jahrhunderte zieht.

Der Sündenfall als Dauerdilemma. Ständig sei ja die Frau schuld, der Mann hingegen - ihr „traumatisiertes Opfer“ – schuldlos: „Berücksichtigen Sie doch bitte die Ursache seiner Entwicklung, Euer Ehren!“

Nun möchte man fragen, was denn „männlich" daran ist, wenn gerade der Mann mit absoluter Selbstverständlichkeit den Frauen die Verantwortung für sein persönliches Scheitern in die Schuhe schiebt? Eine Denkweise, die leider noch längst nicht der Vergangenheit angehört.

4. Mutter und Tochter

Versuche einmal, dich an deine eigene Kindheit zurückzuerinnern! Hat deine Mutter mit dir über ihre Lebenssituation gesprochen oder hat sie eher dazu geschwiegen? Hat sie dir gesagt, mit welchen Problemen sie hat kämpfen müssen und wie sie sie gelöst hat? Hat sie dich zur Anpassung oder zur Auflehnung verpflichtet?
Was hat ihr Spaß gemacht und was nicht? Was konnte sie gut und was weniger gut? Wie ging sie mit anderen Menschen – Männern und Frauen – um? Was hast du von deiner Mutter gelernt?

Die Antworten auf diese Fragen bilden für dich höchstwahrscheinlich die Bausteine, aus denen du deine persönliche Vorstellung von „Fraulichkeit“ entwickelt hast. Denn der Schöpfer der kindlichen Vorstellung von Fraulichkeit ist zumeist die eigene Mutter. An ihr orientiert sich die Tochter, ihr eifert sie nach oder versucht zu entkommen, und mit ihr wird er sich ihr Leben lang auseinandersetzen müssen.

Die Person der Mutter füllt für die heranwachsende Tochter die Rolle der Frau aus - eine Rolle die der Vater nicht ausfüllen kann. Denn ebenso wenig wie die Mutter den Vater ersetzen kann, kann der Vater die Mutter ersetzen. Insbesondere für die Tochter ist die Mutter also von immanenter Bedeutung, um ihr eigenes Selbstbild zu entwickeln.
Sie nimmt wahr, wie die Mutter mit Problemen umgeht, wie sie in Konfliktsituation handelt, wie sie andere Menschen behandelt und, ob sie sorgfältig,

aufmerksam, zuverlässig und ehrlich ist, um hier nur ein paar Beispiele zu nennen.
Wenn die Mutter passiv und defensiv ist, nimmt die Tochter dieses Verhalten in ihr Frauenbild auf, und wird sich als Erwachsene nur schwer innerlich davon distanzieren können
Wie die Mutter mit dem Vater und generell mit Männern umgeht, dieses Verhalten wird die Tochter also unbewusst nachahmen oder doch zumindest als „normalen“ Maßstab ansehen.

Obwohl die Mutter das wichtigste Vorbild für die Tochter ist, ist sie jedoch andererseits auch ein ständiges Ärgernis für die Heranwachsende. Denn die Mutter ist ewig gegenwärtig, selbst wenn sie nicht (mehr) da ist, ja, dann vielleicht sogar ganz besonders. Und die Tochter weiß oder fühlt zumindest, wie ihre Mutter jede ihrer Handlungen oder Entscheidungen kommentieren oder beurteilen würde.

Das ist ein ganz besonderes Dilemma, denn obwohl die Mutter sich für ihre Tochter wünscht, dass diese es einmal besser macht, als sie selbst, verhindert sie genau dies, indem sie ihr durch ihre Reglementierung indirekt genau den Weg vorgibt, gegen die sie selbst innerlich aufbegehrt hat, da sie ihn als Last empfand.

Die selbst verpassten Chancen, das selbst nicht gehabte Glück. Das alles soll die Tochter zwar erhalten und doch neidet es die Mutter ihr oft unterschwellig.
Demzufolge trägt die Tochter also eine schwere Bürde, zu der noch hinzukommt, dass sie auch noch den übrigen Ballast der Mutter mit sich schleppen muss:

„Sei ein gutes Kind!“

„Lass dich als Mädchen nicht unterbuttern!“

„Frauen sind die klügeren Männer!“

„Was wird dein Vater dazu sagen?“

Dieses fatale Gepäck, das die Mutter von ihrer Mutter und diese wiederum von der ihren geerbt hat, wird nun auch an die Tochter weiter gegeben. In fehlgeleiteter Gutwilligkeit soll es ihr als Orientierung dienen – eine schwere Rüstung voller Sitten, und Gewohnheiten, die ihr angeblich den Weg durchs Leben erleichtern soll, häufig aber genau das Gegenteil zur Folge hat.

Wir müssen uns also nun die Frage stellen, welche Rolle das Prinzip „Frau“ in einer Welt spielt, in der die Verwirrung der Geschlechter und die Vereinzelung des Individuums eine für die Entwicklung notwendige Selbstreflexion immer mehr erschweren.

In einer Welt, in der die Unterschiede zwischen den Geschlechtern (scheinbar) immer mehr verschwimmen, ist es verständlich, dass die Frau immer unsicherer wird, fatalerweise aber dazu verpflichtet ist, diese Unsicherheit zu verbergen, weil sie sonst (scheinbar) die „Erfolge“ der Emanzipation aufs Spiel setzen würde.

Wenn aber die Frau, so wie man sie früher verstanden hat, nun berechtigterweise mehr und mehr ein Relikt aus einer früheren dunklen Zeit ist - was tritt dann an ihre Stelle?

Welche Art von Fraulichkeit bringt die Frau künftig weiter und wie kann die Frau letztlich zu einer zeitgemäßen Form dieser Fraulichkeit zurück finden, ohne sich als Individuum dafür aufgeben zu müssen?

5. Ein Dorf für ein Kind.

Am Anfang steht die Erziehung. Die Eltern haben die Aufgabe, den Weg ihres Kindes bis zu seinem Erwachsenwerden zu begleiten. Ein großer Vorteil für das Kind ist es dabei, wenn es zusätzlich zu Vater und Mutter auch noch die Großeltern als Orientierungshilfen hat. Denn Großeltern gehen mit vielen Dingen zumeist pragmatischer und entspannter um. Sie bilden oft eine ausgleichende Kraft zur Auseinandersetzung mit Vater und Mutter, denn mit dem Beginn ihrer Großelternschaft hat sich ihre eigene Rolle in Familie und Erziehungsgeflecht verändert.

Die Erfahrungen, die die Großeltern in ihrem Leben gemacht haben, können sie nämlich nun erstmalig unbeschwert einsetzen. Sie haben oft mehr Ruhe und Zeit als die Eltern und sind aufgrund dessen zumeist geduldiger und ausgeglichener. Dadurch geben sie den Kindern Sicherheit, und Menschen, bei denen Kinder sich sicher und trotzdem frei fühlen, gewinnen Ansehen und sind wichtige Vorbilder und Vertrauenspersonen. Selbst wenn Kinder ihre Großeltern nicht sehr häufig sehen, sind sie ihnen doch zumeist beinahe so wichtig wie die eigenen Eltern.

Häufig geben nämlich erst die Großeltern dem Kind die Möglichkeit sich unabhängig zu entwickeln. Kein Wunder, denn sie müssen niemandem mehr etwas beweisen, stehen letztendlich mit beiden Beinen fest im Leben und bilden daher für den Heranwachsenden eine nicht zu unterschätzende Autorität.

Logisch, denn die Großeltern haben bereits zwei Erziehungsprozesse komplett durchlaufen, den passiven als Kind und den aktiven als Eltern. Sie haben längst die Werte verinnerlicht, die die Voraussetzung dafür bilden, dass man in einer Gemeinschaft harmonisch miteinander zusammenleben kann. Aus einer entspannten Beobachterposition können sie nun unabhängiger handeln als die Eltern, sodass ihr zumeist ruhiges Selbstbewusstsein dem Kind Sicherheit, Orientierung und Freiheit gibt.

Eltern, die Großeltern als Erziehungsbeistände ablehnen oder bedauerlicherweise darauf verzichten müssen – möglicherweise, da diese nicht mehr oder sehr weit entfernt leben – haben es also oft schwerer, ihren Kindern eine eigenständige Entwicklung zum selbstbewussten und sozialen Erwachsenen zu ermöglichen.

Denn die Erprobungsmöglichkeiten, die der Heranwachsenden durch die Großeltern geboten werden, helfen ihr dabei, ihre selbstbewusste Position als künftige Frau zu finden – oder auch nicht!

Das afrikanische Sprichwort „Es braucht ein Dorf um ein Kind zu erziehen“ ist tatsächlich nur zu wahr. Umso beunruhigender, dass wir in der „modernen“ Gesellschaft häufig ausgesprochen „dorflos“ leben.

Viele Familien, sind Ein-Kind-Familien. Kommt es dann zur Trennung, dann wird daraus sogar nicht selten eine problematische Zweier-Beziehung.
Kinder können sich dann im Familienleben häufig nur noch an einer einzigen Person orientieren, was im Laufe der Zeit entweder zu massiven Spannungen und einer Art Lagerkoller führt, oder dazu, dass das Kind

im Laufe seines Heranwachsens immer weniger in der Lage dazu ist, sich innerlich vom betreuenden Elternteil zu lösen.

Zwar versuchen wir oft krampfhaft unseren Kindern gegenüber eine (nur scheinbar) „heile“ Welt der Kindheit zu zelebrieren, doch unsere eigene Unsicherheit dabei ist für die Kinder leicht durchschaubar. Nostalgie als Problem.
Und so werden Festtage wie Weihnachten und Ostern oder Geburtstage überbewertet und perfektioniert, in der Hoffnung dadurch einen Ausgleich für alltägliche Unzulänglichkeiten zu schaffen.

Durch den verzweifelten Wunsch, eine Rolle auszufüllen, die nicht die ihre ist, legen Väter und Mütter bei ihren Kindern also leider häufig schon den Grundstein für späteren Selbstbetrug und fehlende Selbstreflexion.
Die Kinder merken zwar vielleicht unbewusst, dass die Eltern ihnen und sich selbst etwas vormachen, orientieren sich dann daran aber dennoch im späteren Erwachsenenleben. Wir lernen ja schließlich, indem wir imitieren.

Wenn also Mütter für ihre Töchter keine guten Vorbilder mehr abgeben – oder gar nicht vorhanden sind – dann bleiben den Töchtern oft nur die ausgetretenen Wege, um ihre eigene Unsicherheit zu kaschieren. Fatal, denn gesundes Selbstbewusstsein kann so kaum entstehen. Wie die Eltern wird sich also auch das heranwachsende Mädchen künftig an tradierte überholte Klischees klammern, in der irrigen Hoffnung, dadurch eine wirkliche stabile Mitte zu entwickeln.

6. Für die Eltern leben?

„Tu es doch für uns!"

Auch dieser Satz verfolgt viele „erwachsene" Frauen bis ins hohe Alter. Denn generell kommt es leider häufig dazu, dass die Eltern ihre eigenen Sehnsüchte und Hoffnungen ihrem „Kind" als Ballast aufladen.
Oft genug steht die Tochter also unter dem Druck, die Erwartungen ihrer Eltern erfüllen zu müssen.
Manche Eltern haben für ihre Tochter sogar schon einen kompletten Lebensentwurf im Kopf, den sie unnachgiebig auch oft zu Lasten der Tochter verfolgen.
Denn sie werden von der vermeintlichen Hoffnung getragen, dass nur dieser Weg ihre Tochter zum Glück führen wird.
Fatalerweise beginnt dieses Drama bereits spätestens mit Beginn der Schulzeit.
Die Tochter ist noch nicht in der Grundschule, da haben manche Eltern schon durchgeplant, auf welches Gymnasium und welche Universität sie später gehen soll, um ein bestimmtes Fach zu studieren.
Es ist zwar schön, wenn Eltern voraus planen, doch für die Tochter kann das auch zur Bürde werden.

Als Tochter hat frau dann nicht allein mit den eigenen Problemen zu kämpfen, sondern muss auch noch die Wünsche ihrer Eltern auffangen und ihnen gerecht werden.

„Mädchen. Was geht nur in deinem Kopf vor?"

„Denk doch mal an deine Eltern!"

„Vater und Mutter haben sich für dich abgeschuftet.“

„Ist das der Dank?“

Bedeutet dies nun aber letztlich, dass es der Daseinszweck der Frau ist, sich für ihre Eltern zu opfern, einen Weg zu beschreiten, der ihr von ihnen – also von Außen - vorgegeben ist? Ist sie das ihren Eltern wirklich schuldig?

Oder ist das nicht bereits wieder eine fremde Rolle, in die sie schlüpfen muss, nur um ihre Familie zufrieden zu stellen und ihr das Gefühl zu geben, dass sie sie liebt? (Was sie von da an vermutlich nicht mehr so richtig tut, denn Liebe unter Zwang hat noch nie funktioniert!)

Natürlich haben die Eltern viel für ihre Tochter getan und natürlich sollte sie ihnen dafür dankbar sein. Aber nichtsdestoweniger ist sie doch in erster Linie eine eigenständige unabhängige Persönlichkeit. Als solche muss sie lernen auf eigenen Füßen zu stehen und sich von solchen unangemessenen Forderungen zu distanzieren. Natürlich will und wird die Tochter auch in Zukunft für ihre Eltern da sein. Doch diese Haltung sollte aus ihr selbst kommen und nicht aus einer Verpflichtung heraus.

Denn sie ist ihren Eltern gegenüber keine Rechenschaft schuldig. Die Eltern haben sich dazu entschlossen, ein Kind in die Welt zu setzen und aufzuziehen. Das war ihre selbst auferlegte Pflicht. Sie hatten sich dafür entschieden. Die Tochter ist mit ihnen keinen Vertrag eingegangen. Es mag sich zwar hart anhören, aber die Eltern haben kein Anrecht auf ihre Liebe und ihren Gehorsam. Die Tochter ist ein Individuum und kein Haustier!

7. Ersatzeltern in Partnerin / Partner

Leider ist es häufig genau eine solche von den Eltern angelegte Rechenschafts-Konditionierung, die auch in der künftigen Partnerschaft Probleme bereitet. Die Frau fühlt sich in ständiger Abhängigkeit - ständig verpflichtet, denn schließlich haben sie die eigenen Eltern ja so erzogen. Die Folgen können fatal sein: Gereiztheit, psychische Belastung, Depression.
Es ist diese ständig wiederkehrende Situation der Kindheit, die die Tochter dann auch als Erwachsene nur schwer loslässt.
Du erinnerst dich sicher an die unzähligen Tage zurück, an denen du Klassenarbeiten oder Zeugnisse erhieltest. Wie war es, wenn du diese Dokumente, die in einer einzigen Ziffer dein persönliches Leistungsvermögen auszudrücken vermeinten, deinen Eltern vorlegen und deren Urteil entgegen nehmen musstest?
Waren es dabei nicht immer wieder nur die Fehler, die diese dann untersucht, betrachtet, verifiziert, kommentiert haben?

Immer an seinen Fehlern gemessen zu werden, belastet jeden Menschen. Es schafft Unsicherheit, quält und macht ihn schließlich krank.

So sehr sich die Frau also auch Mühe geben mag, ihren eigenen Weg zu gehen - das Gespenst der elterlichen Bewertung lauert oft fühlbar hinter ihr. Und so sucht sie häufig keinen Partner zur Kooperation, sondern zur Bestätigung. Sie sucht in ihrem Partner also eher einen Ersatzvater, möchte anerkannt und gelobt, nicht jedoch kritisiert und getadelt werden. Die Harmonie in der künftigen Beziehung ist also in höchstem Maße dann

abhängig davon, dass der Mann die Frau umsorgt, verwöhnt und über alle ihre Fehler hinwegschaut. Das aber ist nicht nur unrealistisch sondern darüber hinaus auch gefährlich.
Die Frau kompensiert dadurch nämlich nur in einem engen Rahmen ihre anerzogene Unsicherheit, überwindet sie aber nicht.

Und so sind solche Beziehungen letztlich meist zum Scheitern verurteilt, da die Frau ihren Partner zwar zur Bestätigung benötigt, ihn aber andererseits aufgrund ihrer persönlichen noch nicht abgeschlossenen Widerstandserfahrung prinzipiell ablehnt und dabei dann gehäuft in kindische, ja sogar narzisstische Verhaltensmuster zurückfällt.
Denn jede Form der Kritik empfindet eine solche Frau als persönlichen Angriff und für jeden Fehler, den sie macht, wird sie letztlich ihren Partner verantwortlich machen.

Der Kern für dauerhaften Streit und Hader in der Beziehung ist somit gelegt, denn obwohl es die Frau im Grunde ihres Herzens gar nicht will, ist sie doch noch immer gefangen im Erziehungsgeflecht ihrer eigenen Eltern.

8. Geschlechterauflösung als Irrweg.

Eine solche Situation kann manchmal seltsame Blüten treiben und spätestens seit dem Beginn der weiblichen Emanzipation kommen diese oft immer deutlicher zum Tragen.
Denn einerseits sollen Frauen die Auflösung der tradierten Geschlechterrollen akzeptieren, andererseits aber verschärft genau diese ihr spezifisches Problem einer fraulichen Orientierung.

Den Vätern nacheifern? Wie Männer empfinden?
Die Frau steht jetzt vor einer Doppelbelastung. Sie muss nun nicht mehr nur ihren eigenen persönlichen Mittelpunkt finden, nein, ihre Erziehung fordert sie dazu auf, nun auch noch mit dem Mann auf den – aus welchen Gründen auch immer - traditionell männlich besetzten Gebieten zu konkurrieren. Und somit entfernt sie sich immer weiter von ihrem eigenen Selbst und gibt die Geschlechterrolle preis, die eigentlich die ihre sein sollte.

Und hier trifft der Kern des Zeitschriftenartikels, den ich eingangs erwähnt habe, auf beide Geschlechter zu – Mann und Frau. Ein solcher Weg führt nämlich zwangsläufig zur Abschaffung der Frau. Denn Frauen, die auf allen Feldern mit Männern konkurrieren wollen und sollen, verlieren nicht nur den Bezug zu sich selbst, sondern bilden auch – du wirst vermutlich überrascht sein - ein fatales Gegenpendel zur weiblichen Emanzipation.

9. Wenn Nicht-Erwachsene Kinder erziehen.

Wenn Menschen, die ihre eigene Position noch nicht kennen, die von Selbstzweifeln zerrissen sind und noch immer keinen Frieden mit den eigenen Eltern geschlossen haben, irgendwann eigene Kinder erziehen, dann ist das problematisch.

Im Kern wollen sie natürlich alles besser machen als ihre eigenen Eltern, doch der noch immer nicht abgeschlossene Konflikt mit diesen lässt sie auch bei ihrem eigenen Kinde in entscheidenden Momenten versagen. Denn die Unsicherheit der eigenen Eltern hat sich ihnen eingeprägt und so fühlen auch sie sich oft unsicher. Somit orientieren sie sich an den selbst als Kind erfahrenen Rollenverhalten ihrer Eltern. Und so ist das, was sie anstreben, erstaunlicherweise häufig genau das, was Sie selbst in ihrer Kindheit belastet hat. Sie heben nun ihrerseits ihr Kind auf ein Podest, und fordern von ihm, dass es ihre elterlichen Wunschvorstellungen erfüllt. Erneut wird die freie und eigenverantwortliche Entwicklung zunichte gemacht und so wiederholt sich der gleiche Fehler wieder und wieder.

Denn dass ein Kind so nicht zu einem starken Erwachsenen heranreifen kann, liegt auf der Hand. Erschwerend hinzu kommt auch noch, dass manche Eltern zu ihren Kindern viel zu früh ein Verhältnis auf gleicher Ebene pflegen, welches jedoch weder Selbständigkeit noch innere Zufriedenheit schafft. Es ist nicht förderlich, wenn Mutter und Tochter den gleichen „Look“ pflegen und sich miteinander über Beziehungen austauschen.

Im Gegenteil – es ist sogar ausgesprochen fragwürdig, denn die Tochter hat noch nicht die Entwicklungsstufe der Mutter erreicht – sollte also auch nicht mit deren persönlichen Erfahrungen belastet werden - und die Mutter sollte nicht die Tochter als Stellvertreterin betrachten, der es zukommt, ihre verflossene Jugend nachträglich zu vervollkommnen.

Natürlich ist es nicht falsch, wenn die Mutter die Tochter von ihrem Erfahrungsschatz profitieren lässt, doch das Problem liegt im Motiv solcher Ambitionen.
Die Mutter projiziert ihre eigenen Wüsche auf ihre Tochter, und beginnt diese dadurch bewusst oder unbewusst – das sei dahin gestellt – zu manipulieren.
Sie denkt, sie weiß, was für ihre Tochter gut ist, liegt dabei aber häufig völlig falsch, da sie sich bei ihren Überlegungen letzten Endes eigentlich nur um sich selbst dreht.

Das vorgebliche „Geschenk" entpuppt sich also genau betrachtet, als ein Wunsch, den sich die Mutter selbst erfüllt und für deren Erfüllung er zu allem Überfluss auch noch Dankbarkeit von ihrer Tochter einfordert.

Weshalb treffen Eltern so häufig Entscheidungen für ihre Kinder, die an deren Persönlichkeit und Leistungsvermögen vorbei gehen? Woran liegt das? Die Antwort ist erschreckend einfach! Viele Paare, die sich für ein Kind entscheiden, verstehen das Kind zunächst mehr als eine Art Glücksbringer und übersehen dabei, dass ein Kind in erster Linie eine Verantwortung ist, der man sich zu stellen hat.
Denn Vater und Mutter haben nun einmal die Verpflichtung, ihr Kind so zu erziehen, dass es sein Leben als Erwachsener sozial, ausgeglichen und motiviert bestreiten kann. Ein Kind ist nun einmal eine

Aufgabe und kein Hobby. Wenn Eltern dies nicht verstehen oder nicht verstehen wollen, dann verursachen sie zwangsläufig den seelischen Missbrauch ihres Kindes.
Wenn die Tochter für die Mutter quasi also zur Freundin wird, so wird sie damit letztlich zum Opfer.

Fatalerweise sehen Eltern ihr Kind auf der Beziehungsebene nicht selten unbewusst als Partnerersatz, oder – was noch schlimmer ist – als Lebenshilfezentrum bei persönlichen Problemen.
Das kann im Extremfall so weit gehen, dass Vater oder Mutter ihr Kind zusätzlich mit ihren beruflichen und persönlichen Problemen, oder möglicherweise – wie schon gesagt - sogar mit denen von Beziehung und Partnerschaft, belasten.

Kinder erkennen zwar durchaus die Vorteile einer Situation, in der sie ihren Eltern gleichgestellt werden, und nutzen diese Situation dann für ihre eigenen Ziele aus. Sie bleiben dabei aber letztlich auf der Strecke, denn mit der Erkenntnis der elterlichen Ohnmacht schwindet auch das Gefühl persönlicher Sicherheit.

Kein Kind sollte die Probleme nicht erwachsener Eltern tragen müssen, denn seine eigene Entwicklung wird ihm dadurch erschwert.

10. „Frau“ ist unabhängig!

Also lass uns mal zusammenfassen: Du, die erwachsene Frau, solltest dich von deinen Eltern gelöst haben. Damit ist nicht gemeint, dass du sie nicht lieben oder achten sollst, sondern dass du dich innerlich nicht mehr in deren Abhängigkeitsgeflecht aus Verpflichtung und Folgsamkeit befinden solltest.

Als erwachsene Frau solltest du dir nämlich der Tatsache bewusst sein, dass du nicht ausschließlich für deine Eltern da bist. Schließlich bist du ja mit deiner Geburt keine diesbezügliche Verpflichtung eingegangen.

Eltern müssen für ihre Kinder da sein – nicht umgekehrt. Und Eltern sollten ihre Kinder führen und zur Eigenbestimmung und Eigenverantwortlichkeit anleiten, nicht aber diese ein Leben lang in emotionaler Abhängigkeit halten.

Denn ein Rundum-Sorglos-Paket mit eingebauter unkündbarer Verpflichtungserklärung hat noch nie jemandem geholfen, selbständig zu werden. Die erwachsene Frau sollte sich also von den elterlichen Zwängen gelöst haben, in denen all die tradierten Verpflichtungen enthalten sind, die Eltern seit Generationen auf ihre Kinder abwälzen, als da wären:

„Du musst eine Familie gründen!“

„Du musst erfolgreich sein!“

„Streng dich an, dann wird auch was aus dir!“

und der Evergreen:

„Denk doch mal an deine Eltern!“

Natürlich sollst du deine Eltern nicht vergessen – versteh mich da bitte nicht falsch - doch du solltest Ihnen Stütze sein, nicht jedoch Fußabtreter. Nur wenn du dich von ihnen löst, kannst du ihnen Halt geben. Denn selbst wenn du scheinbar erfolgreich wirst, hilft es dir nichts, wenn du diesen Erfolg nur im Sinne deiner Eltern angestrebt, dich selbst aber dafür aufgegeben hast. Dann hast du im Endeffekt nämlich überhaupt nichts gewonnen.

Erwarte jetzt aber nicht, dass dich deine Eltern nun im Nachhinein von Allem freisprechen. Kein großer Geist hat sich je dadurch entwickelt, dass man ihm die Freiheit geschenkt hat. Stets hat er sie für sich selbst erkämpfen müssen. Dieser Kampf muss nun einmal ausgetragen werden.

Ein Ausweichen, ein Vermeiden – aus welchen Gründen auch immer – bedeutet für dich die lebenslange Mitnahme eines Kräfte zehrenden Ballasts. Und letztlich nimmst du dir selbst damit deine unabhängige Eigeninitiative.

11. Genieße auch das Alleinsein!

Alleinsein ist schön. Nicht immer, aber immer dann, wenn du diese Zeit sinnvoll gebrauchst. Nutze einen Urlaub für Meditation – beispielsweise in einem Kloster – oder unternimm eine lange Wanderung oder Pilgerfahrt. Traditionell ist dies der beste Weg, um zu dir selbst, zu deiner eigenen Mitte zu gelangen.

Und diese Reise solltest du alleine unternehmen. Möglichst weitab von anderen Menschen. Was du nämlich von Mönchen und Eremiten lernen kannst: Besinne dich auf dich selbst und genieße dabei das Alleinsein. Einsamkeit ist kein Makel. Der Wert eines Menschen ist nicht nach der Anzahl seiner Freunde, nicht nach der Häufigkeit seiner gesellschaftlichen Aktivitäten zu messen. Denn erst die Angst davor, allein zu sein, sorgt dafür, dass du schließlich allein bist. Dann nämlich, wenn du dich an deine Umgebung klammerst und dabei in einem Gewühl von oberflächlichen Kontakten versinkst - was im Prinzip ja dasselbe ist wie stundenlanges Fernsehen oder Videospielen. Dadurch vermeidest du nur, dich mit dir selbst zu beschäftigen. Du wirst oberflächlich und auch deine Kontakte, deine Beziehungen, wechseln dadurch immer weiter ins Oberflächliche.

In jedem Fall solltest du dich nicht daran hindern lassen, dich so zu entfalten wie DU es für richtig hältst. Aber du solltest dabei stets Augen und Ohren öffnen. Handle im Umgang mit deinen Mitmenschen sozial und freundlich! Zuhören und Wahrnehmen ist authentisch. Posen und Verstellung hingegen hat nur die Frau nötig, die von Unsicherheit getragen wird und diese zu kaschieren versucht, indem sie die Anderen übertönt.

Nicht das Gewinnen ist ein Zeichen für Erfolg, sondern die Bewahrung deines seelischen Gleichgewichts. Genieße die einfachen Dinge des Lebens und vermeide überflüssige Wettkämpfe, denn du musst niemandem etwas beweisen.

Sei du selbst und tritt auch so auf! Trage die Kleidung, die du magst, ernähre dich bewusst, aber dennoch so, wie du möchtest! Gestalte deinen Tagesablauf so, wie du es willst! Das ist wahre Fraulichkeit. Und sie ist es auch letztlich, die dich attraktiv macht.

12. Befreie dich!

Befreie dich also von alldem, was dich kaputt macht! Es ist schließlich dein eigenes Glauben und Denken, das dich ausmacht. Wenn du das Gefühl hast, etwas ist falsch, dann ist es falsch. Schließe keine faulen Kompromisse!

Soziales Leben ist zwar die Grundlage unserer Existenz, aber sozial zu leben heißt nicht, dass du dich für Andere und deren Wünsche oder Ziele aufopfern musst. Egal ob du deinen Eltern nacheiferst oder einem anderen Vorbild - akzeptiere, dass du einzigartig bist! Jeder Mensch besitzt etwas, was der Andere nicht hat und umgekehrt.
Wer will schon ein fremdes Leben nachleben, ein künstliches Leben führen, wenn er nicht zu ängstlich oder zu bequem ist, seinen eigenen Weg zu beschreiten?

Hüte dich vor Vorbildern, die dies verlangen, selbst oder ganz besonders dann, wenn sie als Heilige daherkommen und sich zu erhöhen versuchen, indem sie sich zu Märtyrern machen, denn das sind keine Vorbilder. Viele Jahrtausende Menschheitsgeschichte zeigen, dass Fanatiker – egal welchen Geschlechts - ihre Gefolgschaft stets in den Untergang führen.

Mach also dein Ding und tue dabei die Dinge, die schön sind! Denke daran, die Welt, in der du lebst, ist einzigartig! Die Zukunft des Menschen kann niemals auf dem Mars liegen, wenn es ihm nicht einmal gelingt, seinen eigenen Planeten zu bewahren.

Und ebenso ist es mit deiner Zukunft. Davonlaufen hat noch nie jemanden weiter gebracht. Wahre Entscheidungen werden bewusst getroffen. Vermeidung ist keine Entscheidung!

Es ist die menschliche Gier, die unsere Welt zerstört. Befreie dich also von jeder Art von Gier und die Welt wird dir gehören! Ordne dein Leben neu! Stelle fest, was dich belastet und löse dich davon!

In Beziehungen schaffe keine Probleme, sondern löse sie! Sei nicht beleidigend oder nachtragend! Ein solches Verhalten fällt nämlich letzten Endes auf dich selbst zurück und verletzt nur deine Seele und die des Anderen. Stattdessen gönne und sei großzügig! Lebe bewusst und zeige Umsicht! Denn Umsicht ist attraktiv. Menschen lieben grundsätzlich Umsicht und verabscheuen Nachlässigkeit.

Strebe niemals totes Gut an, indem du Lebendes dafür opferst. Besitz ist eine Illusion. Du lebst im Hier und Jetzt, auf einer dünnen Grenze zwischen Vergangenheit und Zukunft. Es zählt nur das, was du hier tust. Und merke dir: Jeder Tag, jede Stunde, jeder Moment trägt in sich das Instrumentarium für einen neuen Anfang. Gute Vorsätze - das, was wir traditionsgemäß an Neujahr oder an Geburtstagen zelebrieren - solltest du dir jeden Moment bewusst machen.

<u>Teil Ii. Für den Mann</u>

1. „Was für ein Mann!?"

Wenn man sich mit dem Thema Selbstbewusstsein beschäftigt, scheint der Mann zunächst gar nicht der passende Gegenstand zu sein.
Denn nicht nur im europäischen Kulturraum scheint der Mann traditionell das Selbstbewusstsein für sich gepachtet zu haben. Der römische Begriff für Tugend war „virtus", was genau übersetzt soviel wie „Mannhaftigkeit" bedeutet.

Und ist es denn nicht auch so? Strahlt nicht jeder Mann ruhige Stärke, überhebliche Arroganz oder konzentrierte Intelligenz aus?
Krieger, Staatsmänner, Denker! Ja selbst der einfachste Mann scheint sich polternd Gehör zu verschaffen und eine Auseinandersetzung nicht zu scheuen, ob er nun schwächlich oder muskulös ist.
Wieso soll man sich also um das Selbstbewusstsein des Mannes sorgen?

Oder ist an der These eines „aussterbenden Geschlechts" vielleicht doch etwas dran? Ist der Mann vielleicht ohne es zu wissen zum Aussterben verurteilt? Ich meine, hat der Mann denn in den zurück liegenden Jahrtausenden nicht maßgeblich unter Beweis gestellt, dass er die Ursache für die meisten Übel in unserer Welt war, von Erdbeben und Vulkanausbrüchen mal abgesehen?

Und beweist der Mann nicht noch immer Tag für Tag, dass er ein lästiger Schadensbringer ist, indem er Kriege führt, Völker unterwirft, die Natur zerstört und in vielen Ländern dieser Welt seinen geschlechtlichen

Gegenpol – die Frau – unterdrückt, misshandelt und entmündigt? Ist das etwa ein Zeichen von Selbstbewusstsein?

Es ist natürlich Unsinn, wenn man den Begriff einer selbstbewussten Männlichkeit auf Stärke, Kraft und Gewalt reduziert. Aber was genau ist es, was dem Mann als Grundlage seines Selbstverständnisses dient? Versuchen wir, es herauszufinden!

2. Muskeln und Macho.

„Reiß dich zusammen!“

„Weine nicht!“

„Zeig, dass du ein Mann bist.“

Solche Worte kennt man(n) zur Genüge.
Wahrscheinlich kannst du ihnen noch ein Dutzend weitere und sinngemäß ähnliche hinzufügen.
Als Kind bist du damit aufgewachsen und hast solche Sprüche vermutlich im Laufe der Zeit als selbstverständlich hingenommen, ohne sie tatsächlich zu hinterfragen. Aber dennoch haben sie sich im Kopf festgesetzt. Bei dir und bei unzähligen anderen Jungen, die schließlich zu Männern heranwuchsen. Und leider sind es genau solche Sprüche, die ein uraltes Klischee untermauern, das es dem erwachsenen Mann so schwer macht, zu sich selbst zu finden.
Denn Männlichkeit wird fatalerweise häufig gleichgesetzt mit Unabhängigkeit, Unbeugsamkeit und Unerschütterlichkeit - Eigenschaften, die man scheinbar seit jeher gemeinhin von Männern verlangt, die aber aus dem Zusammenhang gerissen alles Mögliche bedeuten können, da die Begriffe, die hinter solchen Wörtern stehen im Laufe der vergangenen Generationen einer ständigen Wandlung unterlagen.

Für die alten Römer waren Tugend und Männlichkeit begrifflich ein und dasselbe. War ein Mann nicht männlich, so galt er auch als nicht tugendhaft. Und Männlichkeit setzte die antike Gesellschaft gleich mit der Übung in Abhärtung, im Kampf und im

unbedingten Streben nach Macht und Ehre, was auch immer man mit dem Begriff auch verband. Weiter reicht die Übereinstimmung mit unserer konservativen Vorstellung von Männlichkeit jedoch nicht. Wenn du jedoch den Aspekt der Unabhängigkeit betrachtest, sieht das Ganze schon ganz anders aus.
Grundsätzlich hatten die Römer nämlich gar nicht die Möglichkeit, sich von ihren Vätern zu lösen, denn das gesellschaftliche Prinzip des Patriarchates bedeutete für jeden Römer, dass er sich bis zum Tode seines Vaters dessen Gesetz unterzuordnen hatte.
Der Mann war also gar nicht unabhängig, sondern lebte in Wirklichkeit bis weit ins Erwachsenenalter hinein in gesellschaftlicher und rechtlicher Unmündigkeit.
Das steht also in krassem Widerspruch zu dem, was man heute gemeinhin mit dem Begriff „Männlichkeit" verbindet. Schein und Sein liegen hier, wie du siehst, ausgesprochen dicht beieinander.

Und was bedeutet „unbeugsam"? Ist damit gemeint, dass der Mann einem vorbestimmten Plan folgt, ohne davon abzuweichen? Das hieße dann aber doch in letzter Konsequenz, dass irgendjemand den Mann vorher schon gebeugt hat, dass irgendjemand schon vorher dafür gesorgt hat, dass der Mann in seinen Handlungen das eigenverantwortliche Denken ausschaltet.

Soll man(n) aber wirklich mit dem Kopf durch die Wand gehen? Soll man(n) denn immer nur sein persönliches Ziel im Auge haben und eher dazu bereit sein, das Wohlergehen der Anderen dafür zu opfern? Ist das denn nicht – genau genommen - krankhaft soziopathisches Verhalten?
Ich nehme an, du kennst die Sage von Odysseus. Ich selbst habe mich mit dieser Heldenfigur nie besonders anfreunden können. Und das hat einen Grund!

Alle Schrecken, die Odysseus auf seiner zehnjährigen Irrfahrt bestehen muss, und denen letztlich alle seine Gefährten zum Opfer fallen, hat er selbst verursacht. Sein Stolz, seine Ignoranz, seine Habgier zeugen nicht von Stärke sondern von geradezu erschreckender Verantwortungslosigkeit.
Zunächst einmal provoziert er den Meeresgott. Dann schickt er immer dann seine Männer vor, wenn es brenzlig wird, stiftet sie zum Viehdiebstahl an, lässt sie unter Vernachlässigung jeglicher Vorsicht unbekannte Nahrung essen, und entscheidet sich oft gegen deren Bedenken und gegen jegliche Vernunft für die schwierigsten Seewege.
Darüber hinaus vernachlässigt er zwei Jahrzehnte lang seine Familie und tut letztlich nichts, um das Familienglück zu retten, außer schließlich in seiner Burg auf Ithaka ein Blutbad anzurichten.
Hatte er Einsicht in sein Verhalten? - Nein!
War er zu Selbstreflexion fähig? - Kaum!
Aber eines muss man ihm lassen: Er war wirklich unbeugsam.

Ist das aber erstrebenswert? Zeugt ein solches Verhalten denn von innerer Stärke?
Und überhaupt: Was ist denn nun eigentlich unter „Stärke" zu verstehen? Ist damit die Stärke gemeint, die für den Mann erforderlich ist, um seinen eigenen Weg zu bestimmen, oder die Stärke, einem vorgegebenen Männerbild zu entsprechen, ohne zu wagen, sich dagegen zu behaupten?

Und was bedeutet „unerschütterlich"? Heißt das, dass sich der Mann frei machen soll von Einfühlungsvermögen und Moral? Würde das aber denn dann nicht letzten Endes bedeuten, dass er gefühllos und ohne jegliche Empathie handeln soll?

Soll er also seine Augen verschließen vor den Gefühlen seiner Mitmenschen. Soll er Mitleid und Mitgefühl als Schwäche ansehen? Ist es männlich, Unrecht und Gemeinheit zu ignorieren, sofern es nicht einen selbst betrifft?

Ich denke, du wirst mir sicher beipflichten, wenn ich sage, dass ein „unbeugsames" und „unerschütterliches" Vorbild also äußerst fragwürdig ist, oder?

Aber dennoch misst sich der Mann auch heute noch - in unserer modernen aufgeklärten Zeit - häufig am Klischee des „Unbeugsamen" und „Unerschütterlichen"!
Oder hast du eine andere Erklärung dafür, weshalb Männer herdenweise in Fitnessstudios laufen, irrsinnigen Muskelaufbau betreiben und ihren Testosteronspiegel erhöhen, obwohl die natürliche Notwendigkeit für ein solches Training in unserer modernen Gesellschaft in zunehmendem Maße weggefallen ist. Ich meine – im Ernst – wer muss heute noch mit Löwen kämpfen?

Ich habe mal auf einem Flohmarkt einen Stapel Einrichtungskataloge eines schwedischen Möbelhauses durchblättert, die jemand dort zum Verkauf anbot: Es waren fast 40 Jahrgänge!
Beim Betrachten der Fotos, die Menschen in zeitgemäßen Wohnlandschaften zeigten, fiel mir erschreckend ins Auge, wie sehr sich unsere Lebensweise innerhalb von kaum mehr als einer Generation verändert hat. Kaum ein Foto ohne Tablet oder TV.
Ich meine im Ernst - wie sieht denn unser modernes Leben aus? Eine mit jedem Jahr zunehmende Zahl von Menschen fährt mit dem Auto, kauft ein, isst außer

Haus oder lässt sich die Einkäufe anliefern. Sie sitzt oder sitzt am Laptop. Egal ob zu Hause oder in den Filialen von Café-Ketten - das virtuelle Leben hat für sie schon einen größeren Anteil am Tagesverlauf als das reale.

Wozu also trainieren Menschen tagtäglich, um beeindruckende Muskeln aufzubauen? Falls du diese Frage jetzt einfach mit dem Gesundheitsaspekt davon wischen möchtest – ich habe ganz bestimmt nichts gegen Sport – aber können Eiweißpräparate aus 10-Kilo-Waschmitteldosen wirklich der Gesundheit dienen?

Und wenn dies nicht der Fall ist, dann kann es doch bei dem ganzen Muskeltraining bloß um dieselben Äußerlichkeiten gehen wie bei martialischen Tätowierungen von Drachen und Totenköpfen auf Beinen, Armen und Leibern. Ich möchte wirklich niemandem zu nahe treten, aber wirkt dies alles auf dich denn nicht eher wie eine Kompensation für eine enorme innere Unsicherheit?
Eine Unsicherheit, die ihren Ursprung in einer Erziehung zu Anpassung hat und damit einhergehend einer unterschwelligen Angst, einem veralteten Rollenbild, das als Einziges übrig geblieben ist, nicht zu entsprechen?

Ist es also nicht möglicherweise so, dass eben die Angst der Menschen, sich nicht behaupten zu können, diese dazu bringt, ihrem Körper immer neue Entbehrungen und Höchstleistungen abzuverlangen und damit längst jedes gesunde Maß zu überschreiten?
Haben wir uns vielleicht mittlerweile durch Film- und Fernsehkonsum eine Gesellschaft der Furcht gezimmert, die uns ständig mit der Frage piesackt, ob wir in einer - wenn auch noch so unwahrscheinlichen,

so doch möglichen - Auseinandersetzung mit der „feindlichen Umwelt“ bestehen können?

Oder ist unser Körperkult einfach nur der kindliche Versuch einer Rückkehr zu altmodischen Totems, die eine dunkle vorgeschichtliche Zeit romantisieren, in der Menschen Tag für Tag um ihr nacktes Überleben kämpfen mussten?

Ich meine, Hand aufs Herz, die Steinzeit ist doch eigentlich schon lange vorbei, oder? Was ist denn also ein Mann? Ist er denn tatsächlich nur die Summe von Körperkraft und Stärke mit einem dicken Bizeps als Markenzeichen? Ist ein Mann denn wirklich nichts Anderes als ein Synonym für Unbezähmbarkeit und Unbesiegbarkeit?

Nun, wenn das tatsächlich so ist - das muss ich leider zugeben – dann sind das wirklich schwere und äußerst trostlose Vorgaben für einen Mann.

Und leider spricht tatsächlich einiges dafür, dass auch heute noch der Nimbus von Unbeugsamkeit und Unbezähmbarkeit gepflegt wird. Denn der Mann wird unbewusst auch noch in unserer heutigen Zeit oft an diesem steinzeitlichen Maßstab gemessen.

Mehr denn je feiern wir heute wieder athletische Höchstleistungen und sind uns dabei gar nicht der historischen Tatsache bewusst, dass der klassische Sport ursprünglich nicht mehr und nicht weniger als eine physische und psychische Vorbereitung für den Krieg war – paramilitärisches Training also sozusagen.

Auch wenn dies heutzutage also nicht mehr unbedingt ausgesprochen wird, so scheint doch in den Köpfen vieler Menschen noch immer die Vorstellung zu existieren, dass ein „wahrer" Mann weiterhin dem archaischen Vorbild des rücksichtslosen einsamen Kämpfers nacheifern soll.

Eines wird dabei aber leider völlig übersehen: Ein solches Leitbild führt einen Mann ohne innere Festigung entweder in eine emotionale Sackgasse oder bestenfalls zu rüpelhaftem Gruppenverhalten, zu einer Rücksichtslosigkeit nämlich, die entstanden ist aus der traurigen Fehleinschätzung, dass Wahrheit und Aufrichtigkeit allein einen Mann nicht als Mann erscheinen lassen.

3. Das Ur-Prinzip Mann.

Anführer, Erfinder, Entdecker, Kämpfer, Märtyrer! Wenn du dir die Geschichte der Menschheit ansiehst, dann stellst du fest, dass das „Idealbild Mann“ immer wieder von den gleichen Stereotypen besetzt ist.

Traditionsgemäß war es schon immer der Mann, der die Welt erobert, der sie besiegt und besitzt.
Der Mann - das zupackende faschistische Moment in einer paradiesischen Welt? Du meinst, dass das weit hergeholt ist? Mitnichten! Die Geschichten, die Sagen, die Romane, Dramen und Filme setzen sich seit Beginn der menschlichen Kultur mit dem Streben des Mannes nach und seinem Scheitern an diesen fragwürdigen Vorbildern auseinander.

Interessanterweise ist aber dieses gewalttätige Moment stets von einer - wenn man dem Stereotyp gerecht werden will – “unmännlichen“ Unsicherheit begleitet. Denn den Kern von Aggressivität und Machtstreben bilden oft unbewältigte Ohnmachtserfahrungen aus der Zeit der eigenen Kindheit – Gewalt und Gegengewalt.

Und wenn es mal nicht so lief? Schon früh versuchten Männergesellschaften außerhalb ihres Kreises einen verantwortlichen Schuldigen für ihre Gewalttätigkeit zu finden. Insbesondere die drei Weltreligionen schoben die Schuld für Gewalt und Krieg auf der Erde von Beginn an auf die Frau: Eva.

Es sei die Frau, die den Mann gewalttätig mache. Ursprünglich habe er zufrieden im Paradies gelebt, und wäre da nicht Eva entstanden - pikanterweise aus der männlichen Rippe, die als solche wohl auch schon den Keim des Sündenfalls in sich trug – dann würde er das auch noch heute. So aber gab Eva Adam den Apfel, verführte ihn und zerstörte damit die Hoffnung auf das Paradies.

Die Frau als Verführerin, die den Mann vom Wege abbringt und somit scheitern lässt - ein äußerst fragwürdiges Motiv, das sich wie ein roter Faden durch die christlich-abendländische Literatur der vergangenen Jahrhunderte zieht und in manchen Kulturen heute noch gepflegt wird.

Der Sündenfall als männliches Dauerdilemma. Ständig sei ja die Frau schuld, der Mann hingegen - ihr „traumatisiertes Opfer" – schuldlos: „Berücksichtigen Sie doch bitte die Ursache seiner Entwicklung, Euer Ehren!"

Und so ist es dann dieser zerrissene Held - das „machtlose Opfer weiblicher Strömungen", die an ihm zerren - der interessanterweise bis in die Gegenwart hinein als romantisiertes Vorbild für eine vorgeblich „wahre Männlichkeit" herzuhalten hat.

Aber was, frage ich dich, ist „männlich" daran, wenn der Mann mit absoluter Selbstverständlichkeit der Frau die Verantwortung für sein persönliches Scheitern in die Schuhe schiebt? Und falls du meinst, dass ein solches Denken doch schon lange der Vergangenheit angehört, möchte ich dir widersprechen. Ironischerweise tritt einem diese uralte naive Sichtweise nämlich sogar in zahlreichen „Männerratgebern" der letzten Jahre entgegen. Dabei sollte man sich unbequemen Wahrheiten doch eigentlich stellen, wenn man „wahre Männlichkeit" anstrebt, oder?

Unterschwellig versucht der Mann also dem folgenden „Ideal" gerecht zu werden:
Der Mann steht allein im Kampf mit der Natur, in der es keinen Gott mehr gibt, sondern stattdessen nur das Totem einer kitschig idealisierten „Männlichkeit", die sich hinter feigen Schuldzuweisungen verbirgt.

Mit Beginn des 20. Jahrhunderts - zu der Zeit also, als sich die Frau in den Industrieländern zu emanzipieren beginnt - treffen wir in der populären Gegenwartsliteratur, einem der letzten Reservate männlicher Steinzeitromantik, wieder in zunehmendem Maße auf diesen Protagonistentyp.

Jack London, Edgar Rice Burroughs, Robert E. Howard und viele andere populäre Autoren der ersten Hälfte des 20. Jahrhunderts verzweifelten an der schwindenden Rolle des Mannes als Weltentdecker und Eroberer und kürten daraufhin Helden, die als Teil der Natur - und auch im stetigen Kampf mit ihr – von ihnen aufs Kitschigste hin romantisiert werden. Tarzan, der gerechte Wilde. Conan, der egozentrische Barbar, der nur einem inneren Weg folgt, unabhängig, von dem, was neben ihm liegt, oder die Figuren aus Jack Londons Erzählungen: Männlich bis in die Zehenspitzen und doch an der Welt scheiternd. Gebrochene Helden, die sich schließlich ein paar Jahrzehnte später - kastriert von der von ihnen selbst geschaffenen Technik - bei Ernest Hemingway wieder finden. Ihr Ende steht also als Synonym für eine sterbende Natur.
Letztlich scheitert also das Ur-Prinzip Mann somit an einer Welt, die es selbst erschaffen hat.

4. Vater und Sohn.

Versuche einmal, dich an deine eigene Kindheit zurückzuerinnern! Hat dein Vater mit dir zusammen etwas unternommen und wenn ja, was war es? Was hat ihm Spaß gemacht und was nicht? Was konnte er gut und was weniger gut? Wie ging er mit anderen Menschen – Männern und Frauen – um? Was hast du von deinem Vater gelernt?

Die Antworten auf diese Fragen bilden für dich höchstwahrscheinlich die Bausteine, aus denen du deine persönliche Vorstellung von „Männlichkeit" entwickelt hast. Denn der Schöpfer der kindlichen Vorstellung von Männlichkeit ist zumeist der eigene Vater. An ihm orientiert sich der Sohn, ihm eifert er nach und mit ihm wird er sich sein Leben lang auseinandersetzen müssen.

Die Person des Vaters füllt für den heranwachsenden Jungen die Rolle des Mannes aus, eine Rolle die die Mutter nicht ausfüllen kann. Denn ebenso wenig wie der Vater die Mutter ersetzen kann, kann die Mutter den Vater ersetzen. Insbesondere für den Sohn ist der Vater also von immanenter Bedeutung, um sein eigenes Selbstbild zu entwickeln.
Er nimmt wahr, wie der Vater Probleme löst, wie er in Konfliktsituation handelt, wie er andere Menschen behandelt und, ob er sorgfältig, aufmerksam, zuverlässig und ehrlich ist, um hier nur ein paar Beispiele zu nennen.
Wenn der Vater aggressiv und jähzornig ist, nimmt der Sohn dieses Verhalten in sein Männerbild auf, und

wird sich als Erwachsener nur schwer innerlich davon distanzieren können
Wenn der Vater unzuverlässig ist, Verabredungen, Termine und Versprechungen nicht einhält, wird der Sohn in seinem späteren Leben diesen Tugenden möglicherweise auch keine große Bedeutung beimessen.
Wie der Vater mit der Mutter und generell mit Frauen umgeht, dieses Verhalten wird der Sohn also unbewusst nachahmen oder doch zumindest als „normalen" Maßstab ansehen.

Obwohl der Vater das wichtigste Vorbild für den Sohn ist, ist er jedoch andererseits auch ein ständiges Ärgernis für den Heranwachsenden. Denn der Vater ist ewig gegenwärtig, selbst wenn er nicht da ist; ja, dann vielleicht sogar ganz besonders. Und der Sohn weiß oder fühlt zumindest, dass sein Vater wünscht, dass er später in seine Fußstapfen tritt. Und nicht genug damit, denn darüber hinaus möchte der Vater auch noch, dass sein Sohn erfolgreicher, stärker, und besser werden soll als er selbst.
Von Kindheit an hebt der Vater seinen Sohn also auf ein Podest. Er möchte das Beste für ihn, er will, dass er es besser hat, als sein Vater, er will ihm Sicherheit schenken und darüber hinaus meist auch alles, was sich mit Geld kaufen lässt.

Abgesehen davon, dass der Vater seinen Sohn dadurch verwöhnt, liegt hier auch noch ein ganz besonderes Dilemma vor. Denn obwohl der Vater sich für seinen Sohn wünscht, dass dieser ihn einmal überflügelt, hat er unterbewusst genau davor Angst. Die selbst verpassten Chancen, das selbst nicht gehabte Glück. Das alles soll der Sohn erhalten und doch neidet es der Vater ihm oft unterschwellig.

Demzufolge trägt der Sohn also eine schwere Bürde, zu der noch hinzukommt, dass er auch noch den übrigen Ballast des Vaters mit sich schleppen muss:

„Sei hart wie ein Mann!“

„Männer weinen nicht!“

„Männer geben den Kurs vor!“

„Dein Vater wäre stolz auf dich!“

„Deine Ahnen wären stolz auf dich!“

„Gott wäre stolz auf dich!“

Dieses fatale Gepäck, das der Vater von seinem Vater und dieser von dem seinen geerbt hat, wird nun auch an dich, den Sohn weiter gegeben. In fehlgeleiteter Gutwilligkeit soll es dir, dem Mann, als Orientierung dienen – eine schwere Rüstung voller Sitten, und Gewohnheiten, die dir angeblich den Weg durchs Leben erleichtern soll, häufig aber genau das Gegenteil zur Folge hat.

Der Mann soll also dominieren und stets **erhobenen** Hauptes, **erhoben,** **aufrecht** und **aufgerichtet** **aufstehen** und sich **erheben** - phallischer geht es schon gar nicht mehr.
Für den Sohn gilt es also, dem Vater nachzueifern und ihn schließlich zu besiegen. Denn - es kann nur einen geben!

Vater und Sohn arbeiten also vom Prinzip her auf ein zukünftiges Duell hin. Denn erst dann, wenn der Sohn den Vater besiegt hat, kann er sein Leben bewusst in die eigenen Hände nehmen.

So kämpften schon in der Antike die Königssöhne um ihre Herrschaft. Die Herrschaft des Königs endete grundsätzlich erst mit seinem Tod. Der Sohn folgte dem Vater erst dann nach, wenn ihm der Kampf um dessen Erbe gelungen war. Dafür musste er – sofern nötig – auch die eigenen Brüder opfern. Der Sohn – Erbe und Stammhalter - sorgte dann für die Unsterblichkeit des Vaters, indem er „ihn in Ehren hielt".

Das Dilemma daran war, dass der Sohn immer gezwungen war, den Weg des Vaters fortzusetzen, immer an dessen Taten und Erfolgen gemessen wurde. Er durfte die Fehler des Vaters nicht wiederholen, doch genau deshalb machte er leider sehr oft dieselben Fehler. Denn der Sohn stand am Ende einer endlosen Kette unerfüllter Hoffnungen. Er hatte den Staffel-Stab vom Vater übernommen, den dieser bereits von seinem übernommen hatte. Und dieser Stab war schon seit Anbeginn der Zeit infiziert von Selbstbetrug, Aggression und Größenwahn – der Stoff aus dem ja nun einmal der Deckmantel für unterdrückte Minderwertigkeitskomplexe gewebt wird.

Bis heute hat sich daran leider nur sehr wenig geändert. Zwar leben wir heute dem Anschein nach in „zivilisierteren" Zeiten, aber Dominanz und Unterwerfung waren und sind nach wie vor tradierte Grundprinzipien einer falsch verstandenen „Männlichkeit".

Und das führt uns zu der anfänglichen Frage zurück. Welche Rolle spielt das Prinzip „Mann" in einer Welt, in der die Verwirrung der Geschlechter und die Vereinzelung des Individuums eine für die

Entwicklung notwendige Selbstreflexion immer mehr erschweren?
In einer Welt, die vom Grundsatz her immer männlicher wird, dabei aber vor dem Dilemma steht, dass das alte „Männlichkeitsbild“ längst nicht mehr zeitgemäß ist?

Verständlich, dass der Mann immer unsicherer wird, denn die stereotypen Vorbilder verschwimmen mehr und mehr. Und wenn Väter im Erwachsenenalter dieselben Probleme haben zu sich selbst zu finden wie ihre Söhne, dann bleibt für die Söhne letztlich nicht mehr viel, woran sie sich halten können.

Wenn also der Mann, so wie man ihn früher verstanden hat, nun berechtigterweise mehr und mehr ein Relikt aus einer früheren dunklen Zeit ist - was tritt dann an seine Stelle?

Welche Art von Männlichkeit bringt den Mann künftig weiter und durchbricht dabei das verhängnisvolle Schicksalsrad von Zerstörung und scheinbarer Erneuerung?

Wie kann der Mann zu einer zeitgemäßen Form der Männlichkeit zurück finden, ohne sich als Individuum dafür aufgeben zu müssen?

5. Ein Dorf für ein Kind.

Am Anfang steht die Erziehung. Die Eltern haben die Aufgabe, den Weg ihres Kindes bis zu seinem Erwachsenwerden zu begleiten. Ein großer Vorteil für das Kind ist es dabei, wenn es zusätzlich zu Vater und Mutter auch noch die Großeltern als Orientierungshilfen hat. Denn Großeltern gehen mit vielen Dingen zumeist pragmatischer und entspannter um. Sie bilden oft eine ausgleichende Kraft zur Auseinandersetzung mit Vater und Mutter, denn mit dem Beginn ihrer Großelternschaft hat sich ihre eigene Rolle in Familie und Erziehungsgeflecht verändert.

Die Erfahrungen, die die Großeltern in ihrem Leben gemacht haben, können sie nämlich nun erstmalig unbeschwert einsetzen. Sie haben oft mehr Ruhe und Zeit als die Eltern und sind aufgrund dessen zumeist geduldiger und ausgeglichener. Dadurch geben sie den Kindern Sicherheit, und Menschen, bei denen Kinder sich sicher und trotzdem frei fühlen, gewinnen Ansehen und sind wichtige Vorbilder und Vertrauenspersonen. Selbst wenn Kinder ihre Großeltern nicht sehr häufig sehen, sind sie ihnen doch zumeist beinahe so wichtig wie die eigenen Eltern.

Häufig geben nämlich erst die Großeltern dem Kind die Möglichkeit sich unabhängig zu entwickeln. Kein Wunder, denn sie müssen niemandem mehr etwas beweisen, stehen letztendlich mit beiden Beinen fest im Leben und bilden daher für den Heranwachsenden eine nicht zu unterschätzende Autorität.

Logisch, denn die Großeltern haben bereits zwei Erziehungsprozesse komplett durchlaufen, den passiven als Kind und den aktiven als Eltern. Sie haben längst die Werte verinnerlicht, die die Voraussetzung dafür bilden, dass man in einer Gemeinschaft harmonisch miteinander zusammenleben kann. Aus einer entspannten Beobachterposition können sie nun unabhängiger handeln als die Eltern, sodass ihr zumeist ruhiges Selbstbewusstsein dem Kind Sicherheit, Orientierung und Freiheit gibt.

Eltern, die Großeltern als Erziehungsbeistände ablehnen oder bedauerlicherweise darauf verzichten müssen – möglicherweise, da diese nicht mehr oder sehr weit entfernt leben – haben es also oft schwerer, ihren Kindern eine eigenständige Entwicklung zum selbstbewussten und sozialen Erwachsenen zu ermöglichen.

Denn die Erprobungsmöglichkeiten, die dem Heranwachsenden durch die Großeltern geboten werden, helfen ihm dabei, seine selbstbewusste Position als künftiger Mann zu finden.

Das afrikanische Sprichwort „Es braucht ein Dorf um ein Kind zu erziehen“ ist tatsächlich nur zu wahr. Umso beunruhigender ist es, dass wir in der „modernen“ Gesellschaft häufig ausgesprochen „dorflos“ leben.

Viele Familien, sind Ein-Kind-Familien. Kommt es dann zur Trennung, wird daraus sogar nicht selten eine problematische Zweier-Beziehung.
Kinder können sich dann im Familienleben häufig nur noch auf eine einzige Person fokussieren, was im Laufe der Zeit entweder zu massiven Spannungen und einer Art Lagerkoller führt, oder dazu, dass das Kind im

Laufe seines Heranwachsens immer weniger in der Lage dazu ist, sich innerlich vom betreuenden Elternteil zu lösen.

Zwar versuchen wir oft krampfhaft unseren Kindern gegenüber eine (nur scheinbar) „heile" Welt der Kindheit zu zelebrieren, doch unsere eigene Unsicherheit dabei ist für die Kinder leicht durchschaubar. Nostalgie als Problem.
Und so werden Festtage wie Weihnachten und Ostern oder Geburtstage überbewertet und perfektioniert, in der Hoffnung dadurch einen Ausgleich für alltägliche Unzulänglichkeiten zu schaffen.

Durch den verzweifelten Wunsch, eine Rolle auszufüllen, die nicht die ihre ist, legen Väter und Mütter bei ihren Kindern also leider häufig schon den Grundstein für späteren Selbstbetrug und fehlende Selbstreflexion.
Die Kinder merken, dass die Eltern ihnen und sich selbst etwas vormachen und orientieren sich dann daran auch im späteren Erwachsenenleben. Wir lernen ja schließlich, indem wir imitieren.

Wenn also Väter für ihre Söhne keine guten Vorbilder mehr abgeben – oder gar nicht vorhanden sind – dann bleiben den Söhnen oft nur die ausgetretenen Wege, um ihre eigene Unsicherheit zu kaschieren. Fatal, denn gesundes Selbstbewusstsein kann so kaum entstehen. Wie die Eltern wird sich also auch der heranwachsende Junge künftig an tradierte überholte Klischees klammern, in der irrigen Hoffnung, dadurch eine wirkliche stabile Mitte zu entwickeln.

6. Die „vaterlose“ Gesellschaft

Grundsätzlich lebt der heranwachsende Junge zunächst in einer bewussten oder unbewussten Abhängigkeit von den Eltern. Und Söhne, die ohne Vater aufwachsen, trifft es hier ganz besonders. Denn wenn nur die Mutter als Orientierung zur Verfügung steht, ist der Selbstfindungsprozess für den Sohn besonders erschwert.
Frauen gehen mit vielen Dingen anders um, als Männer. Sie verhalten sich in denselben Situationen zumeist anders als Männer, lösen Konflikte auf andere Art und Weise und haben ein ganz anders Selbstbild.

Mit einer auf Dominanz basierenden Geschlechterrolle kann man(n) sich jedoch nur dann angemessen auseinandersetzen, wenn ein Vater oder Vaterersatz als Orientierung zur Verfügung steht.
Wie aber findet der Sohn seine Position, wenn dies nicht der Fall ist?

Männer ticken anders als Frauen. So sehr eine Mutter es also auch versuchen mag, sie kann ihrem Sohn nicht den Vater ersetzen und nur schwerlich ein Männerbild weitergeben, da sie es ja nicht selbst ausfüllen kann.

Das heißt aber nicht, dass sie ihren Sohn nicht erziehen und aufziehen kann - selbstverständlich ist sie dazu in der Lage.
Nur wird der Sohn doch stets einen Stachel der Unsicherheit mit sich tragen, was die Auseinandersetzung mit der eigenen Männlichkeit betrifft. Denn ihm fehlt sowohl die Sichtweise des Vaters als auch der Wettstreit mit diesem.

Auseinandersetzungen muss der Sohn in einer solchen Situation nämlich zwangsläufig stets mit der Mutter führen: Ein Umstand, der zwar nicht zwangsläufig zu einem problematischen Verhältnis zu Frauen führen muss, dem Sohn aber dennoch seinen Weg zum erwachsenen Mann erschwert, da ihm da das ausgleichende Vorbild fehlt.

Er steht nun vor dem Problem, dem mütterlichen Männerbild gerecht werden zu müssen, ohne es wirklich erproben zu können.
Es ist so, als ob er sich an einer fehlerhaften Simulation erprobt, die nur teilweise den Ansprüchen gerecht wird, die das Leben als Erwachsener schließlich an ihn stellen wird.

7. Für die Eltern leben?

„Tu es doch für uns!“

Auch dieser Satz verfolgt viele „erwachsene“ Männer bis ins hohe Alter. Denn generell kommt es leider häufig dazu, dass die Eltern ihre eigenen Sehnsüchte und Hoffnungen dem „Stammhalter“ als Ballast aufladen.
Oft genug steht der Sohn unter dem Druck, die Erwartungen seiner Eltern erfüllen zu müssen.
Denn die Eltern haben für ihren Sohn häufig schon einen Lebensentwurf im Kopf, den sie unnachgiebig auch oft zu Lasten des Sohnes verfolgen. Sie werden nämlich von der vermeintlichen Hoffnung getragen, dass nur dieser Weg ihren Sohn zum Glück führen wird. Fatalerweise beginnt das bereits spätestens mit Beginn der Schulzeit.
Der Sohn ist noch nicht in der Grundschule, da haben manche Eltern schon durchgeplant, auf welches Gymnasium und welche Universität er später gehen soll, um ein bestimmtes Fach zu studieren.
Möglicherweise besitzen sie auch ein Unternehmen und erwarten, dass ihr Sohn in die Fußstapfen der Eltern tritt und irgendwann einmal dessen Führung unternimmt.
Es ist zwar schön, wenn Eltern voraus planen, doch für den Sohn kann das auch zur Bürde werden.

Als Sohn hast du dann nicht allein mit den eigenen Problemen zu kämpfen, sondern musst auch noch die Wünsche deiner Eltern – insbesondere die deines Vaters - auffangen und ihnen gerecht werden.

„Junge. Was hast du uns nur angetan?“

„Denk doch mal an deine Eltern!“

„Vater und Mutter haben sich für dich abgeschuftet.“

„Ist das der Dank?“

Bedeutet dies etwa letztlich, dass es dein Daseinszweck ist, dich für deine Eltern zu opfern, einen Weg zu beschreiten, der dir von ihnen – also von Außen - vorgegeben ist? Bist du das deinen Eltern wirklich schuldig?

Und ist nicht auch das bereits wieder eine fremde Rolle, in die du schlüpfen musst, nur um deine Familie zufrieden zu stellen und ihr das Gefühl zu geben, dass du sie liebst? (Was du von da an vermutlich nicht mehr so richtig tust, denn Liebe unter Zwang hat noch nie funktioniert!)?

Natürlich haben deine Eltern viel für dich getan und natürlich solltest du ihnen dafür dankbar sein. Aber nichtsdestoweniger bist du doch in erster Linie eine eigenständige unabhängige Persönlichkeit. Lerne auf eigenen Füßen zu stehen und distanziere dich von solchen unangemessenen Forderungen. Du willst und wirst sicher auch in Zukunft für deine Eltern da sein. Doch diese Haltung sollte aus dir selbst kommen und nicht aus einer Verpflichtung heraus.

Denn du bist deinen Eltern gegenüber keine Rechenschaft schuldig. SIE haben sich dazu entschlossen, ein Kind in die Welt zu setzen und aufzuziehen. Das war ihre selbst auferlegte Pflicht. Sie haben sich dafür entschieden. DU bist mit ihnen keinen Vertrag eingegangen. Es mag sich zwar hart anhören, aber deine Eltern haben kein Anrecht auf deine Liebe und deinen Gehorsam. Du bist ein Individuum und kein Haustier!

8. Ersatzeltern in Partnerin / Partner

Leider ist es häufig genau diese von den Eltern angelegte Rechenschafts-Konditionierung, die auch in der künftigen Partnerschaft Probleme bereitet. Der Mann fühlt sich in ständiger Abhängigkeit, ständig verpflichtet – schließlich haben ihn die eigenen Eltern ja so erzogen. Die Folgen können fatal sein: Gereiztheit, psychische Belastung, Depression.
Es ist diese ständig wiederkehrende Situation der Kindheit, die dich auch als Erwachsenen nur schwer loslässt.
Du erinnerst dich sicher an die unzähligen Tage zurück, an denen du Klassenarbeiten oder Zeugnisse erhieltest. Wie war es, wenn du diese Dokumente, die in einer einzigen Ziffer dein persönliches Leistungsvermögen auszudrücken vermeinten, deinen Eltern vorlegen und deren Urteil entgegen nehmen musstest.
Waren es dabei nicht immer wieder die Fehler, die diese dann untersucht, betrachtet, verifiziert, kommentiert haben?

Immer an seinen Fehlern gemessen zu werden, belastet jeden Menschen. Es schafft Unsicherheit, quält und macht ihn schließlich krank.

So sehr sich der Mann auch Mühe geben mag, seinen eigenen Weg zu gehen - das Gespenst der elterlichen Bewertung lauert oft fühlbar hinter ihm. Und so sucht er häufig keinen Partner zur Kooperation, sondern zur Bestätigung. Er sucht in seiner Partnerin also eher eine Ersatzmutter, möchte anerkannt und gelobt, nicht jedoch kritisiert und getadelt werden. Die Harmonie in der künftigen Beziehung ist also in höchstem Maße

dann abhängig davon, dass die Frau den Mann umsorgt, verwöhnt und über alle seine Fehler hinwegschaut. Das aber ist nicht nur unrealistisch sondern darüber hinaus auch gefährlich.
Der Mann kompensiert dadurch nämlich nur seine Unsicherheit, überwindet sie aber nicht.

Und so sind solche Beziehungen letztlich meist zum Scheitern verurteilt, da der Mann seine Partnerin zwar zur Bestätigung benötigt, sie aber andererseits aufgrund seiner persönlichen pubertären noch nicht abgeschlossenen Widerstandserfahrung prinzipiell ablehnt und dabei dann gehäuft in kindische, ja sogar soziopathische Verhaltensmuster zurückfällt.
Denn jede Form der Kritik empfindet ein solcher Mann als persönlichen Angriff und für jeden Fehler, den er macht, wird er letztlich seinen Partner verantwortlich machen.

Der Kern für dauerhaften Streit und Hader in der Beziehung ist somit gelegt, denn obwohl es der Mann im Grunde seines Herzens gar nicht will, ist er doch noch immer gefangen im Erziehungsgeflecht seiner eigenen Eltern.

9. Geschlechterauflösung als Irrweg.

Eine solche Situation kann manchmal seltsame Blüten treiben und spätestens seit dem Beginn der weiblichen Emanzipation kommen diese oft immer deutlicher zum Tragen.
Denn einerseits sollen Männer die Auflösung der tradierten Geschlechterrollen akzeptieren, andererseits aber verschärft genau diese ihr spezifisches Problem einer männlichen Orientierung.

Den Müttern nacheifern? Wie Frauen empfinden? Als Vater auch die Mutterrolle ausfüllen können?
Der Mann steht jetzt vor einer Doppelbelastung. Er muss nun nicht mehr nur seinen eigenen persönlichen Mittelpunkt finden, nein, seine Erziehung fordert ihn dazu auf, nun auch noch mit der Frau auf den traditionell weiblich besetzten Gebieten zu konkurrieren. Und somit entfernt er sich immer weiter von seinem eigenen Selbst und gibt die Geschlechterrolle preis, die eigentlich die seine sein sollte.

Und hierin liegt tatsächlich der Kern des Zeitschriftenartikels, den ich eingangs erwähnt habe. Ein solcher Weg führt nämlich zwangsläufig zur Abschaffung des Mannes. Denn Männer, die auf allen Feldern mit Frauen konkurrieren wollen und sollen, verlieren nicht nur den Bezug zu sich selbst, sondern bilden auch – du wirst vermutlich überrascht sein - ein fatales Gegenpendel zur weiblichen Emanzipation.

Der Mann orientiert sich dann nämlich an der Frau und hier beginnt eine vollkommen neue Form des

Verdrängungswettbewerbs. Für ein gemeinsames Kind will der Mann nun auch die Mutterrolle ausfüllen, es windeln, stillen, denn insgeheim will er die Frau ersetzen.

Paradoxerweise brodelt hinter dieser neuen Rolle jedoch weiterhin die nun immer stärker unterdrückte urtümliche männliche Aggressivität, und die will bedient werden.

Das zeigt sich besonders deutlich im modernen Freizeit- und Unterhaltungsbereich, in dem sich die modernen Reservate männlicher Aggressivität befinden. Egal ob Ego-Shooter oder 3D-Action-Film, LaserTag oder Kampfsport. Der virtuelle Kampf ums Überleben ist schon längst zum Freizeiterlebnis geworden.
Der Botenstoff Adrenalin – von der Natur dafür entwickelt, um dem Menschen in Ausnahmesituationen Höchstleistungen zu ermöglichen, ist heute zum verbreiteten Suchtmittel geworden, ohne darüber hinaus irgendeinen Nutzen zu haben.

Es ist interessant und erschreckend zugleich, dass sich Gewalt noch nie zuvor hat erfolgreicher vermarkten lassen, als in unserer heutigen Zeit – einer Zeit, die zumindest in den Industrieländern in Wirklichkeit so gewaltfrei ist wie niemals zuvor.

Gewalt ist für die meisten Menschen in Europa überwiegend eine unbekannte Größe, eine nostalgische Reminiszenz an düstere Zeiten der Vergangenheit (oder Zukunft), die von einer apokalyptischen Romantik verklärt werden: Als Männer noch Männer waren: Sündenfall 2.0.

Im wahren Leben sucht sich der Mann für diese Gewalt dann andere Betätigungsfelder. Dort sind die Abkehr von moralischen Werten und persönlicher Eigennutz die Vehikel, auf denen der Mann von seinem ursprünglichen Idealbild Abschied nimmt.

10. Wenn Nicht-Erwachsene Kinder erziehen.

Wenn Menschen, die ihre eigene Position noch nicht kennen, die von Selbstzweifeln zerrissen sind und noch immer keinen Frieden mit den eigenen Eltern geschlossen haben, irgendwann eigene Kinder erziehen, dann ist das problematisch.

Im Kern wollen sie natürlich alles besser machen als ihre eigenen Eltern, doch der noch immer nicht abgeschlossene Konflikt mit diesen lässt sie auch bei ihren eigenen Kindern in entscheidenden Momenten versagen. Denn die Unsicherheit der eigenen Eltern hat sich ihnen eingeprägt und so fühlen auch sie sich oft unsicher. Und so ist das, was sie anstreben, erstaunlicherweise häufig genau das, was Sie selbst in ihrer Kindheit belastet hat.
Sie heben nun ihrerseits ihre Kinder auf ein Podest, und fordern von Ihnen, dass sie ihre elterlichen Wunschvorstellungen erfüllen. Erneut wird die freie und eigenverantwortliche Entwicklung zunichte gemacht und so wiederholt sich der gleiche Fehler wieder und wieder.

Denn dass Kinder so nicht zu starken Erwachsenen werden können, liegt auf der Hand. Hinzu kommt auch noch, dass manche Eltern zu ihren Kindern ein Verhältnis auf gleicher Ebene pflegen, welches jedoch weder Selbständigkeit noch innere Zufriedenheit schafft. Es ist nicht förderlich, wenn das ehemals hierarchisch abgestufte Vater-Sohn-Verhältnis sich zu einem herzhaft-jovialen Kumpelverhältnis entwickelt.

Es ist sogar ausgesprochen fragwürdig, denn der Sohn hat noch nicht die Entwicklungsstufe des Vaters erreicht und der Vater - anstatt seiner väterlichen Verantwortung nachzukommen - genießt diese fatale Situation auch noch, indem er voller Melancholie seiner verflossenen Jugend nachhängt.

Du findest, dass das jetzt übertrieben ist? Schließlich kann es doch eigentlich nicht falsch sein, wenn dein Vater mit dir zusammen auf Festen Bier trinkt oder in den Ferien Out-Door-Aktivitäten und Abenteuerreisen mit dir unternimmt, oder? Was ist schon dabei?

Nun, das Problem liegt im Motiv solcher Ambitionen.
Der Vater projiziert seine eigenen Wüsche auf seinen Sohn. Er denkt, er weiß, was für seinen Sohn gut ist, liegt dabei aber häufig völlig falsch, da er sich bei seinen Überlegungen eigentlich nur um sich selbst dreht.
Der Vater möchte mit seinem Sohn möglicherweise nur deshalb eine Abenteuerreise unternehmen, weil in ihm noch immer die Trauer darüber nagt, dass sein eigener Vater so etwas früher nicht mit ihm zusammen so etwas Schönes unternommen hat. Das vorgebliche „Geschenk“ entpuppt sich also genau betrachtet, als eine ein Wunsch, den sich der Vater selbst erfüllt und für dessen Erfüllung er zu allem Überfluss auch noch Dankbarkeit von seinem Sohn einfordert.

Weshalb treffen Eltern so häufig Entscheidungen für ihre Kinder, die an deren Persönlichkeit und Leistungsvermögen vorbei gehen? Woran liegt das? Die Antwort ist erschreckend einfach! Viele Paare, die sich für ein Kind entscheiden, verstehen das Kind zunächst mehr als eine Art Glücksbringer und übersehen dabei, dass ein Kind in erster Linie eine Verantwortung ist, der man sich zu stellen hat.

Denn Vater und Mutter haben nun einmal die Verpflichtung, ihr Kind so zu erziehen, dass es sein Leben als Erwachsener sozial, ausgeglichen und motiviert bestreiten kann. Ein Kind ist nun einmal eine Aufgabe und kein Hobby. Wenn Eltern dies nicht verstehen oder nicht verstehen wollen, dann verursachen sie zwangsläufig den seelischen Missbrauch ihres Kindes.
Wenn der Sohn für die allein erziehende Mutter quasi also der soziale Ersatz für den fehlenden Partner ist, so wird er zum Opfer.

Fatalerweise sehen getrennt lebende Elternteile ihr Kind auf der Beziehungsebene nicht selten unbewusst als Partnerersatz, oder – was noch schlimmer ist – als Lebenshilfezentrum bei persönlichen Problemen.
Das kann im Extremfall so weit gehen, dass Vater oder Mutter ihr Kind zusätzlich mit ihren beruflichen und persönlichen Problemen, möglicherweise sogar mit denen von Beziehung und Partnerschaft, belasten.

Kinder erkennen zwar durchaus die Vorteile einer solchen Situation und nutzen die augenscheinliche Zwangslage des allein erziehenden Elternteils für ihre eigenen Ziele aus, bleiben dabei aber letztlich auf der Strecke, denn mit der Erkenntnis der elterlichen Ohnmacht schwindet auch das Gefühl persönlicher Sicherheit.

Gerade in solchen Situationen zeigt sich die Problematik einer entwurzelten Gesellschaft, die solche neuen Wurzeln austreibt, aus denen dann autoritäre Waschlappen entstehen.

Denn kein Kind sollte die Probleme nicht erwachsener Eltern tragen müssen, denn seine eigene Entwicklung wird ihm dadurch erschwert.

11. Löse dich emotional von deinen Eltern!

Lass uns also mal zusammenfassen: Du, der erwachsene Mann also, solltest dich von deinen Eltern gelöst haben. Damit ist nicht gemeint, dass du sie nicht lieben oder achten sollst, sondern dass du dich innerlich nicht mehr in deren Abhängigkeitsgeflecht aus Verpflichtung und Folgsamkeit befinden solltest.

Als erwachsener Mann solltest du dir nämlich der Tatsache bewusst sein, dass du nicht ausschließlich für deine Eltern da bist. Schließlich bist du ja mit deiner Geburt keine diesbezügliche Verpflichtung eingegangen.

Eltern müssen für ihre Kinder da sein – nicht umgekehrt. Und Eltern müssen ihre Kinder führen und zur Eigenbestimmung und Eigenverantwortlichkeit anleiten, nicht aber diese ein Leben lang in emotionaler Abhängigkeit halten.

Denn ein Rundum-Sorglos-Paket mit eingebauter unkündbarer Verpflichtungserklärung hat noch nie jemandem geholfen, selbständig zu werden. Der erwachsene Mann sollte sich also von den elterlichen Zwängen gelöst haben, in denen all die tradierten Verpflichtungen enthalten sind, die Eltern seit Generationen auf ihre Kinder abwälzen, als da wären:

„Du musst eine Familie gründen!“

„Du musst erfolgreich sein!“

„Streng dich an, dann wird auch was aus dir!“

und der Evergreen:

„Denk doch mal an deine Eltern!“

Natürlich sollst du deine Eltern nicht vergessen – versteh mich da bitte nicht falsch - doch du solltest Ihnen Stütze sein, nicht jedoch Fußabtreter. Nur wenn du dich von ihnen löst, kannst du ihnen Halt geben. Denn selbst wenn du scheinbar erfolgreich wirst („.. meine Frau, meine Kinder, mein Auto, mein Haus, meine Yacht….), hilft es dir nichts, wenn du dies alles nur im Sinne deiner Eltern angestrebt, dich selbst aber dafür aufgegeben hast. Dann hast du im Endeffekt nämlich überhaupt nichts gewonnen.

Erwarte jetzt aber nicht, dass dich deine Eltern nun im Nachhinein von Allem freisprechen. Kein großer Geist hat sich je dadurch entwickelt, dass man ihm die Freiheit geschenkt hat. Stets hat er sie für sich selbst erkämpfen müssen. Dieser Kampf muss nun einmal ausgetragen werden. Ein Ausweichen, ein Vermeiden – aus welchen Gründen auch immer – bedeutet für dich die lebenslange Mitnahme eines kräftezehrenden Ballasts. Und letztlich nimmst du dir damit deine unabhängige Eigeninitiative.

12. Genieße auch das Alleinsein!

Ein echter Mann kann auch allein sein. Alleinsein ist schön. Nicht immer, aber immer dann, wenn du diese Zeit sinnvoll gebrauchst. Nutze einen Urlaub für Meditation – beispielsweise in einem Kloster – oder unternimm eine lange Wanderung oder Pilgerfahrt. Traditionell ist dies der beste Weg, um zu dir selbst, zu deiner eigenen Mitte zu gelangen.

Und diese Reise solltest du alleine unternehmen. Möglichst weitab von anderen Menschen. Was du nämlich von Mönchen und Eremiten lernen kannst: Besinne dich auf dich selbst und genieße dabei das Alleinsein. Einsamkeit ist kein Makel. Der Wert eines Menschen ist nicht nach der Anzahl seiner Freunde, nicht nach der Häufigkeit seiner gesellschaftlichen Aktivitäten zu messen. Denn erst die Angst davor, allein zu sein, sorgt dafür, dass du schließlich allein bist. Dann nämlich, wenn du dich an deine Umgebung klammerst und dabei in einem Gewühl von oberflächlichen Kontakten versinkst - was im Prinzip ja dasselbe ist wie stundenlanges Fernsehen oder Videospielen. Dadurch vermeidest du nur, dich mit dir selbst zu beschäftigen. Du wirst oberflächlich und auch deine Kontakte, deine Beziehungen, wechseln dadurch immer weiter ins Oberflächliche.

In jedem Fall solltest du als Mann „dein Ding machen". Aber du solltest dabei stets Augen und Ohren öffnen. Handle im Umgang mit deinen Mitmenschen sozial und freundlich! Zuhören und Wahrnehmen ist männlich. Selbstdarstellung hingegen hat nur der nötig, der von Unsicherheit getragen wird und dies zu kaschieren versucht, indem er die Anderen übertönt.

Nicht das Gewinnen ist ein Zeichen für Erfolg, sondern die Bewahrung deines seelischen Gleichgewichts. Genieße die einfachen Dinge des Lebens und vermeide überflüssige Wettkämpfe, denn du musst niemandem etwas beweisen.
Mutproben, sportliche Extremleistungen, Wettsaufen - all das ist nichts, was dein Ansehen, deine Bedeutung, dein Selbstvertrauen erhöht.

Sei du selbst und tritt auch so auf! Trage die Kleidung, die du magst, ernähre dich bewusst, aber dennoch so, wie du möchtest! Gestalte deinen Tagesablauf so, wie du es willst! Das ist wahre Männlichkeit. Und sie ist es auch letztlich, die dich attraktiv macht.

13. Befreie dich!

Befreie dich also von alldem, was dich kaputt macht! Es ist schließlich dein eigenes Glauben und Denken, das dich ausmacht. Wenn du das Gefühl hast, etwas ist falsch, dann ist es falsch. Schließe keine faulen Kompromisse!

Soziales Leben ist zwar die Grundlage unserer Existenz, aber sozial zu leben heißt nicht, dass du dich für Andere und deren Wünsche oder Ziele aufopfern musst. Egal ob du deinem Vater nacheiferst oder einem anderen Vorbild - akzeptiere, dass du einzigartig bist! Jeder Mensch besitzt etwas, was der Andere nicht hat und umgekehrt.
Wer will schon ein Leben nachleben, ein künstliches Leben führen, wenn er nicht zu ängstlich oder zu bequem ist, seinen eigenen Weg zu beschreiten?

Hüte dich vor Vorbildern, die dies verlangen, selbst oder ganz besonders dann, wenn sie als Heilige daherkommen und sich zu erhöhen versuchen, indem sie sich zu Märtyrern machen, denn das sind keine Vorbilder. Viele Jahrtausende Menschheitsgeschichte zeigen, dass Fanatiker ihre Gefolgschaft stets in den Untergang führen.

Mach also dein Ding und tue dabei die Dinge, die schön sind! Denke daran, die Welt, in der du lebst, ist einzigartig! Die Zukunft des Menschen kann niemals auf dem Mars liegen, wenn es ihm nicht einmal gelingt, seinen eigenen Planeten zu bewahren.

Und ebenso ist es mit deiner Zukunft. Davonlaufen hat noch nie jemanden weiter gebracht. Männliche Entscheidungen werden bewusst getroffen. Vermeidung ist keine Entscheidung!

Es ist die menschliche Gier, die unsere Welt zerstört. Befreie dich also von jeder Art von Gier und die Welt wird dir gehören! Ordne dein Leben neu! Stelle fest, was dich belastet und löse dich davon!

In Beziehungen schaffe keine Probleme, sondern löse sie! Sei nicht beleidigend oder nachtragend! Ein solches Verhalten fällt nämlich letzten Endes auf dich selbst zurück und verletzt nur deine Seele und die des Anderen. Stattdessen gönne und sei großzügig! Lebe bewusst und zeige Umsicht! Denn Umsicht ist attraktiv. Menschen lieben grundsätzlich Umsicht und verabscheuen Nachlässigkeit.

Strebe niemals totes Gut an, indem du Lebendes dafür opferst. Besitz ist eine Illusion. Du lebst im Hier und Jetzt, auf einer dünnen Grenze zwischen Vergangenheit und Zukunft. Es zählt nur das, was du hier tust. Und merke dir: Jeder Tag, jede Stunde, jeder Moment trägt in sich das Instrumentarium für einen neuen Anfang. Gute Vorsätze - das, was wir traditionsgemäß an Neujahr oder an Geburtstagen zelebrieren - solltest du dir jeden Moment bewusst machen.

Teil III. Der Weg zu dir selbst!

1. Wunsch und Widerspruch.

Es liegt im Kern des Menschen, dass er von seiner Umgebung akzeptiert werden möchte. Der Mensch ist kein Einzelgänger, er lebt vorzugsweise in Gemeinschaft und möchte dort anerkannt werden.
Was für ihn jedoch Anerkennung bedeutet, ist das, was ihm seine Umgebung in der Kindheit vorlebt.
Muss er größer, stärker, besser sein, um anerkannt zu werden? Soll er sich vorbildlich an Regeln halten, um Anerkennung zu gewinnen. Soll er jederzeit offen seine persönliche Meinung – oder das, was er dafür hält – äußern dürfen/müssen oder ist es besser, sich zu verschließen und das mit persönlicher Offenheit seiner Umgebung gegenüber ausgesprochene Vertrauen eher sparsam einzusetzen?

Ist das persönliche Ziel eher Widerstand oder Anpassung?

Der Mensch ist Spielball zahlreicher Handlungsprinzipien und dazwischen ist er hin- und hergerissen vom widersprüchlichsten aller Wünsche:

Er möchte einzigartig sein und doch dazu gehören. Ein Dilemma, an dem die „Großen“ unserer kulturellen Geschichte immer wieder gescheitert sind.

Sich sein Leben zur Spitze hinaufzuarbeiten, nur um festzustellen, dass da oben nichts ist und die Luft knapp wird.

Das Mount-Everest-Dilemma. Wie Lemminge folgen die Menschen diesem Trieb und erkennen nicht oder zu spät, dass dieser Weg sie zwangsläufig aus dem Kern der Menschlichkeit hinaus führt.

Es gibt kein Leben im Nichts!

Wer selbstbewusst genug ist, das anzuerkennen, dem ist ein glückliches Leben gegeben. Wer jedoch gegen jede Vernunft sein Selbst aufgibt um diesem Phantom hinterher zu jagen, der wird letztlich auf dem weg dorthin alles verlieren. Er ist wie der Süchtige, der nur noch seinem fatalen Trieb folgt und um sich herum letztlich nur Verfall zurück lässt.

Für ein gesundes Selbstbewusstsein gilt es also, das Dilemma von Einzigartigkeit und Dazugehörigkeit aufzulösen. Denn nur dadurch, dass wir uns letztlich selbst annehmen, können wir ein gesundes Selbstbewusstsein ausstrahlen und uns und unserer mitmenschlichen Umgebung gut tun.

Das Dilemma in unserer Zeit ist, dass die Menschen sich ihren Spiegel fälschen, um ihr Spiegelbild akzeptieren zu können, letztlich aber diesen Selbstbetrug nicht aus ihrem Gedächtnis löschen können.

Und somit können sie nicht mit sich selbst im Reinen sein. Denn wer sich selbst betrügt, der kann niemandem trauen. Doch Vertrauen ist nun einmal die Grundvoraussetzung jeglicher Zusammengehörigkeit.

2. Gleich und Gleich.

Es ist unumstritten, dass man sich entweder zu dem hin gezogen fühlt, was einem selbst ähnlich ist, oder dem absoluten Gegenteil (die „magnetische“ Wirkung ;-)) Schon im Kindesalter finden sich Rabauken zusammen, ebenso wie auch fatale Paarsituationen, in denen der eine den Anderen ausnutzt, triggert, quält.

Es ist das Bedürfnis nach Nähe, Anerkennung oder Unterwerfung, das uns so handeln lässt. All dies ist durchaus natürliches Sozialverhalten, auch wenn wir das eine oder andere davon ablehnen, es möglicherweise sogar abstoßend finden mögen.

Hierarchische Kämpfe bestimmen unser Leben und wir bedienen uns dabei aller Möglichkeiten, die wir haben. Nur manchmal fehlt uns eben das entscheidende Instrument – unser Selbstbewusstsein.

Wenn wir die Anpassung suchen, so häufig aus Angst davor, ansonsten zurückgewiesen zu werden. Oder wir sind konfliktscheu oder Selbstzweifel nagen in uns oder wir wollen nicht erkannt werden – aus welchen gründen auch immer.

Es ist also nicht zufällig, dass wahre Narzissten, Soziopathen oder Psychopathen die Methoden der perfekten Anpassung bestens beherrschen. Und damit letztlich auf diejenigen Menschen treffen, die Konflike ablehnen und Verständnis für ihre Mitmenschen aufbringen - Empathen.

Der Soziopath naht als Wolf im Schafspelz, um schließlich umso heimtückischer zuzuschlagen.
Menschen mit schwachem Selbstbewusstein unterwerfen sich gerne einem „vermeintlich“ Stärkeren in der Hoffnung, Geborgenheit oder Schutz zu finden. Oder sie uniformieren sich dem Zeitgeist entsprechend, um keine Angriffspunkte zu liefern, ein Verhalten, dass schon die Kinder erfasst, wenn sie bestimmte Konsumgüter einfordern, da sie ja ansonsten nicht dazu gehören und „bei ihren Freunden abgemeldet“ seien.

Ein zielgerichteter Konsum ist mehr als nur der Verkauf von Waren. Er verkauft uns nämlich in Wirklichkeit eine Anwartschaft auf Erfolg, Zugehörigkeit, Erfüllung, Glück – ein Versprechen, das er natürlich nicht einlöst.

Und dennoch fallen wir immer wieder darauf rein. Wir verstecken uns in den Verkleidungen scheinbar schützender Klischees und gewinnen doch nicht das davon, was wir uns erhofft haben – ein perfektioniertes Glück.

3. Entwickle Achtsamkeit!

Wahres Selbstbewusstsein beruht auf innerer Ausgeglichenheit und erzeugt Attraktivität. Sie begründet sich in Authentizität und Seriosität, Eigenschaften, die in den vergangenen Jahrzehnten auf der gesellschaftlichen Werteskala leider immer weiter abgefallen sind, deren unbedingter Notwendigkeit man sich aber gerade in jüngerer Zeit wieder stärker bewusst wird, da man erkennt, wie wichtig Achtsamkeit ist.

Denn achtsam mit sich, den anderen Menschen und seiner Umwelt umzugehen, ist heute die Voraussetzung dafür, dass der Mensch überhaupt eine Zukunft hat.

Die Fähigkeit, einen anderen Menschen glücklich zu machen, wird nirgendwo gelehrt, dabei ist gerade sie der Quell von persönlichem Glück. Wenn du dir das bewusst machst, dann erkennst du, dass du das Glück in dir trägst und gar nicht erst danach auf die Suche gehen musst. Denn Glück zieht Glück an wie ein lautloser Magnet.

Wie aber gewinnst du die Welt, ohne ihr deinen Stempel aufdrücken zu müssen?
Wie kannst du zum Glück finden und zu einem Partner, mit dem zusammen du es teilen kannst?

Achtsamkeit ist ein Begriff, der erst in der letzten Zeit wieder in den allgemeinen Sprachgebrauch zurück gefunden hat. Der Begriff Achtsamkeit beinhaltet im weitesten Sinne soziales Verantwortungsbewusstsein. Je mehr die Bevölkerung wächst, je näher Menschen zusammenrücken müssen, um so mehr gewinnt Achtsamkeit an Bedeutung.

Wenn man einander an einem schmalen Weg begegnet, ist es von existentieller Wichtigkeit achtsam zu sein und auch den Menschen in der Nähe Achtsamkeit zu schenken. Das Wohlergehen des Einzelnen ist untrennbar verknüpft mit dem Wohlergehen von Vielen.

Menschen, die achtsam mit anderen Menschen umgehen, sind naturgemäß anziehend, Menschen, die dies nicht tun, sind hingegen möglicherweise faszinierend, in der Regel jedoch abstoßend.
Achtsamkeit ist das Herz der Attraktivität. Nimm die Menschen, die dich umgeben, also bewusst wahr und versuche dich in sie hineinzuversetzen. Versuche in solcher Betrachtung deine Perspektive zu wechseln und durch die Augen der Anderen zu sehen, denn nur dadurch wirst du achtsamer und erweiterst deinen Blickwinkel.
Versuche also schwierige Situationen, denen du begegnest, aus unterschiedlichen Blickwinkeln zu betrachten. Denn dies fördert deine Fähigkeit zu empathischer Objektivität und erhöht dadurch letztlich die Glaubwürdigkeit deines Handelns.

Achtsamkeit steht im Widerspruch zu Impulsivität, denn Impulsivität ist zunächst einmal Aggressivität – im Guten wie im Schlechten. Impulsivität äußert sich nämlich in Aktionismus und stößt erwachsene Menschen ab, wenn sie selbst dadurch handlungsunfähig gemacht werden. Denn dann fühlen sie sich übergangen und unmündig.

Der so genannte „bad boy“, das so genannte „bad girl“ hat insofern nur Chancen bei Menschen, die selbst noch nicht erwachsen sind oder die sich – möglicherweise - seiner annehmen wollen, um seine Erziehung abzuschließen.

Zudem ist die „Bad-Boy-Phase“ bei Mädchen und jungen Frauen in der Regel nur eine kurze Phase der Entwicklung. In diesem Zeitraum bewundern sie die Kompromisslosigkeit des „bad boy“ und sein (scheinbares) Selbstbewusstsein. Mit zunehmender Reife wird ihnen dann jedoch zwangsläufig bewusst, dass sich mit solchen Männern keine stabile Beziehung aufbauen lässt und damit legt sich für sie dann auch die Faszination, die für sie von „bad boys“ ausgeht, sobald sie selbst „erwachsen“ geworden ist.

Und Frauen, die ein „Bad-Girl-Image“ pflegen, verbergen dahinter häufig nur eine Oberflächlichkeit, die sie zwar auf den ersten Blick für pubertierende Männer attraktiv macht, letztlich aber einer ausgeglichenen Beziehung – sofern Frau die letztlich anstrebt – im Weg sind. Denn die Aufmerksamkeit, die sie auf diese Weise erhalten, bekommen sie nicht um ihrer selbst, sondern um ihrer Pose willen.

Gleiches gilt für den „strahlenden Helden“! Wenn dieser in weißer Kutsche mit weißen Pferden vorfährt, schenkt er oberflächlich betrachtet zwar Achtsamkeit. Wenn du aber genau hinsiehst, erkennst du, dass sich dieser nur gockelhaft selbst feiert und in der Frau lediglich einen Preis oder ein schmückendes Beiwerk sieht. Wahre Aufmerksamkeit ist aber etwas Anderes!

Ohne Anlass Blumen zu schenken, aus dem Mantel zu helfen, die Tür aufhalten, ihr Glas als erstes befüllen – das sind die Kleinigkeiten, in denen sich „männliche“ Aufmerksamkeit zeigt. „Old School“ – zeitweilig etwas angestaubt - ist wieder sehr attraktiv, gerade weil es so lange vernachlässigt wurde. Unsere überemanzipierte Welt hat das „feine Benehmen“ nämlich eine Zeit lang weggewischt wie alte Krümel, doch inzwischen ist es zum Glück wieder entdeckt worden.

Aber das alles sind letztlich nur Kleinigkeiten. Aufmerksamkeit beinhaltet nämlich in erster Linie, dass frau/man einen Blick dafür entwickeln sollte, wie sich der Partner fühlt. So hilft es nicht, enttäuscht oder gar verärgert zu sein, wenn dessen Laune nicht immer der eigenen entspricht. Sei großzügig in jeder Beziehung. Sei achtsam. Tue, was euch beiden gut tut, und wenn du nicht weißt, was das ist, dann sei einfach für deinen Partner da und tue es dann, wenn du es weißt.

Biete Zärtlichkeit an, aber sei nicht enttäuscht oder verärgert, wenn diese manchmal zurück gewiesen wird. Denn hier lauert tatsächlich wieder die Gefahr elterlicher Konditionierung.

Dein Partner ist weder dein Elternersatz, noch dein Besitz. Und selbst für den Fall, dass er eine solche Rolle akzeptieren würde, hättest du nichts davon. Im Gegenteil, letztlich wäre dies für euch beide eher eine Belastung. Denn selbstbewusste Partner müssen eigenständig von einander existieren können.
Der Satz „Ich kann ohne dich nicht leben!“ mag ja romantisch klingen, ist jedoch ein Alarmsignal. Eine Verbindung, die auf diesem Satz basiert, wird nämlich mit eisernen Ketten geschmiedet. Glück lässt sich aber

nicht gefangen nehmen. Wer es wirklich halten möchte, muss loslassen können.

Denn Verstellung und Lüge sind der Tod jeder Beziehung. Ehrlichkeit und Zuverlässigkeit hingegen sind es, die das Fundament der Achtsamkeit zimmern. Sei also ein Handwerker der Achtsamkeit. Wenn du etwas für Andere tun kannst, dann tue es, ohne zu zögern. Gutes bringt immer wieder Gutes hervor und es gibt nichts Gutes, es sei denn, man tut es!

Und nur der, der auf der Basis von Achtsamkeit handelt, respektiert die Freiheit des Anderen. Hüte dich also davor, die Freiheit deiner Partnerin oder deines Partners zu beschneiden. Ein freier Mensch muss leben können ohne Einengung, ohne Kontrolle, ohne Bevormundung.
Nur dann kann er sich wirklich geborgen fühlen.

4. Lerne dich zu entspannen!

Es mag sich banal hören, aber es ist schlichtweg eine Tatsache: In der Ruhe liegt die Kraft. Wenn du wahres Selbstbewusstsein anstrebst, so lerne die Ruhe zu schätzen.
Und an oberster Stelle steht dabei der gesunde Schlaf.

Unser Wunsch nach Schlaf ist eines deiner wichtigsten Bedürfnisse, denn ohne Schlaf kannst du auf Dauer nicht überleben. Im Schlaf gewinnst du deine Kraft zurück, verarbeitest die Erlebnisse des zurückliegenden Tages und gewinnst somit ein – ich will es mal so nennen - nächtliches Update. Du kennst sicher die Redensart: „Schlaf erstmal eine Nacht darüber! Morgen sieht alles anders aus.“ Dies ist mehr als ein bloßes joviales Schulterklopfen.

Ganz besonders in Zeiten, in denen dich besondere Ereignisse enorm viel Kraft kosten, ist Schlaf extrem wichtig. Denn ohne Schlaf bist du reizbar, reagierst in schwierigen Situationen möglicherweise unangemessen und zeigst so Inkompetenz.

Wenn gar nichts geht, wenn es dir nicht möglich ist, zur Ruhe zu kommen, dann suche einen vertrauensvollen Arzt auf und lass dich von ihm beraten. Denn wer ausgeschlafen ist, behält auch in Ausnahmesituation leichter einen „kühlen Kopf“! Und ein entspanntes Auftreten ist das Fundament der Autorität.

Um gesunden Schlaf zu bekommen, solltest du jedoch nicht zu Schlafmitteln greifen, denn es gibt zahlreiche alternative Wege, die Geist und Körper dabei unterstützen zu einem gesunden Schlaf zu gelangen. Körperliche Betätigung und Sport sind in diesem Zusammenhang fast immer Erfolg versprechend.

Die Voraussetzungen für einen guten erholsamen Schlaf musst du jedoch selbst schaffen. Achte darauf, dass dein Schlafzimmer staubfrei und gut belüftet ist und wirf alles Unnötige heraus oder schaffe es in andere Räume. Verzichte vor allen Dingen auf unnötige Staubfänger, denn du nimmst in jeder Nacht deren Staub über Nase und Mund auf und im Staub leben Millionen von Kleinstlebewesen, welche der Auslöser der so genannten Stauballergie sind.

Vermeide auch elektronische Geräte und Stromquellen in deinem Schlafzimmer. Handy, Telefon und Fernsehen solltest du möglichst aus der Nähe deines Bettes verbannen. Heize dein Schlafzimmer nicht zu stark, sondern stelle die Heizung niedrig oder ganz aus. Wenn dir kalt ist, reichen auch mehrere Decken.

Und achte auch darauf, dass du dein Bettzeug regelmäßig wäschst. Erstens solltest du das natürlich schon aus hygienischen Gründen tun, zweitens ist aber auch nicht entspannender als ein frisch bezogenes Bett. Vergiss darüber hinaus auch nicht, dass du alle paar Jahre die Matratze austauschen solltest.

Vor dem Schlafengehen solltest du etwas Beruhigendes lesen. Reiseberichte zum Beispiel, denn diese haben auch noch einen weiteren positiven Nebeneffekt. Du öffnest dich der Welt und schaffst in dir eine positive aufgeschlossene Grundhaltung, die man dir mit Sicherheit auch am nächsten Morgen noch ansehen wird.

Bade vor dem Schlafengehen und massiere dich oder lass' dich massieren. So entspannst du deinen Körper und das Einschlafen wird begünstigt.

Wie gesagt, Schlaf ist die Quelle deiner Stärke.
Wer zu wenig schläft, dessen Selbst leidet darunter – in jeder Beziehung. Erwiesenermaßen ist Schlafentzug die größte Folter für den Menschen. Ohne Schlaf kann er keine Kraft gewinnen. Daher sollte es dein Ziel sein, täglich mindestens 7 bis 8 Stunden zu schlafen. Denn egal, wie es um deine berufliche oder persönliche Lebenssituation auch bestellt sein mag, wenn du diese Schlafdauer nicht irgendwie ermöglichen kannst, wirst du kaum in der Lage sein, Selbstbewusstsein und Attraktivität zu entwickeln. Eine übermüdete Schlafmütze hat noch keinen Menschen fasziniert.

Jede Lebenssituation ist natürlich unterschiedlich. Bist du bei der Arbeit körperlich aktiv oder nicht?
Hast du einen geregelten Arbeitstag oder musst du möglicherweise Schichtarbeit leisten? Musst du dich bei der Arbeit stark konzentrieren oder nicht?

Denke daran: Wenn du dich ausgelaugt fühlst, kannst du nichts leisten. In dieser Situation kannst du dich dann auch nicht einfach dazu zwingen, etwas zu machen. Falls du durch einen Berg von Sorgen so überfordert bist, dass du keinen Schlaf finden kannst, so geh schnellstmöglich zum Arzt und lass dir gegebenenfalls medizinisch halfen. Das ist kein Versagen deinerseits. Chronische Schlaflosigkeit muss vom Arzt behandelt werden. Alleine schafft man das häufig nicht.

Generell gilt aber: Es gibt kein Patentrezept. Gesunder Schlaf ist abhängig von zahlreichen

Rahmenbedingungen. Finde also heraus, was für dich persönlich am besten funktioniert.

5. Befreie dich vom Ballast!

Wie bitte? Gelange ich etwa dadurch zu mehr Selbstbewusstsein, indem ich mich von allem Überflüssigen befreie? Soll ich durch Ausmisten Energie gewinnen? Was für ein Blödsinn – denkst du vielleicht in diesem Moment.

Aber lach' nicht! Denn genauso ist es!
Ausmisten und Minimalisieren wird dein Leben zum Guten verändern. Vor einigen Jahren habe ich ein Buch gelesen, in dem der Autor seinen Weg zum Glücklichsein beschrieb. Er berichtete von der Magie des Aufräumens und obwohl ich zunächst daran zweifelte, fand ich doch auch in anderen Quellen Hinweise darauf.

Nun, wenn man der Theorie glaubt, dass alles eine Energie hat, dann nimmt uns eine unaufgeräumte Umgebung, in der wir wohnen, arbeiten oder - kurz gesagt - die meiste Zeit verbringen, viel Energie, selbst dann, wenn wir dies nicht einmal bewusst wahrnehmen.

Du denkst, dass das doch nun nichts mit dir zu tun hat. Dein Zuhause sei aufgeräumt. Bei dir herrsche doch keine Unordnung.

Nun, ich selbst war auch kein „Messi" und meine Wohnung war okay – auf den ersten Blick.

Doch wir alle kennen diese Ecken und versteckte Plätze, wo Chaos und Durcheinander herrschen. Blick dich in deiner (neuen) Wohnung um und betrachtest dein Hab und Gut: Lampen, dekorative Bilder, Figuren,

Bücher und DVDs, Kleidung und Schuhe, Elektrogeräte, Stoffe und Möbel.

Brauchst du das alles?

Es gibt so viele Dinge, die man besitzen kann und doch nicht braucht. Das wussten schon die griechischen Philosophen.

Möchtest du wirklich alles behalten, was du besitzt? Ist vieles davon genau genommen nicht einfach nur überflüssiger Ballast? Möchtest du wirklich nicht darauf verzichten? Möchtest du diesen ganzen Kram wirklich dein ganzes Leben lang mitschleppen?

Bei allem, was du in deiner Wohnung hast, solltest du dir zunächst die folgenden beiden Fragen stellen:
„Nutzt du das?“ und „Magst du das?“
Sollte die Antwort auf eine der beide Fragen „Nein!“ lauten, dann weg damit.

Bei allen Dingen in deiner Wohnung und deiner Lebensumgebung solltest du dir die Frage stellen, ob sie dir Energie und Kraft geben, und ob sie zu dir passen oder nicht?

Wenn du jemand bist, der nichts wegwerfen kann, ein Sammler, der alles aufbewahren muss, dann hast du verloren. Sorry. Es wird dir dann mit großer Wahrscheinlichkeit nicht gelingen, die Energie zu mobilisieren, die wahres Selbstbewusstsein benötigt.

Mache dir das Folgende bewusst: Du stehst vor einem Neubeginn, denn dein altes Leben liegt hinter dir. Du möchtest zu wahrem Selbstbewusstsein gelangen und das bedeutet zunächst einmal, dass du zu dir selbst gelangen musst. Zum Zentrum deiner eigenen Existenz und damit zu ihren Kraftquellen. Dieser Weg ist nicht leicht, trenne dich also von überflüssigem Gepäck!

Es ist eine Tatsache und uns leider häufig gar nicht bewusst, wie sehr die Dinge aus früheren Lebensabschnitten unsere Emotionen und unseren Seelenzustand oft indirekt beeinflussen.

Trenne dich also vor allen Dingen von allem, was dir die Freiheit nimmt, du selbst zu sein. Wirf es weg oder verkaufe es auf dem Trödelmarkt oder online zum Einstellpreis von 1 Euro. Denn es muss aus deinem Lebensraum verschwinden! Sofort!

Du brauchst nämlich einen freien Kopf und ein Kräfte bewahrendes Umfeld. Alles, was dich belastet, engt dich letztlich ein, macht dich unfrei, nimmt dir deine persönliche Energie – kurz gesagt: Es ist pures Gift.

Schaffe dir – wenn möglich – ein neues motivierendes Umfeld. Renoviere deine Wohnung, gestalte deine Zimmer neu. Ziehe gegebenenfalls innerhalb der Wohnung um, mache aus dem Wohnzimmer das Schlafzimmer oder umgekehrt. Stell die Möbel um. Du wirst die Räume hinterher nicht mehr wieder erkennen.

Wichtig ist vor allem aber das gnadenlose Ausmisten. Und damit meine ich die unzähligen Dinge, die sich im Laufe der Jahre angesammelt haben, keinem erkennbaren Nutzen dienen und in erster Linie für Unruhe und Disharmonie sorgen. Trenne dich von allem Überflüssigen, denn so wirst du nicht durch Unwichtiges vom Wichtigen abgelenkt. Überlege dir bei allem, was du besitzt, ob du es auch wirklich brauchst.

Ich erinnere mich an meine erste „Aufräumaktion". Am Ende hatte ich drei große Säcke voller alter Kleidung, die ich sinnloserweise jahrelang aufgehoben hatte, im Handstreich entsorgt.

Und es fühlte sich gut an, denn es war wie eine Befreiung. Ich hatte das Gefühl, dass ich mit jedem Stück, das ich wegwarf, mehr Energie gewann. Und ich machte die Erfahrung, wie schön es war, als ich nach einem Tag voller Aufräumaktion am nächsten Morgen in einem frischen gemütlichen Zuhause aufwachte.

Wie solltest du aber dabei vorgehen, womit solltest du beginnen?

Beginne zunächst mit den Anziehsachen. Stelle dir die Frage, welche Kleidung dir wirklich gefällt und zu dir passt. Wenn du zu etwas keinen positiven Bezug hast, dann gehört es auch nicht in deinen Kleiderschrank. Weg damit!

Besinne dich auf deine individuelle Persönlichkeit und überlege, welche Kleidung diese unterstreicht und nicht wie eine bloße Verkleidung wirkt. Kleidung, in der du dich wohl fühlst, wird dein Selbstbewusstsein unterstützen. Probiere es aus!

Das bewusste Tragen von Kleidung entschleunigt dein Leben und sorgt für Entspannung und Selbstbewusstsein. Du wirst langsamer laufen, dich nicht gehetzt fühlen und somit Selbstbewusstsein und Attraktivität ausstrahlen.

Der nächste Schritt sollte dann dein Badezimmer betreffen. Auch hier gilt: Behalte nur die guten Sachen, die du regelmäßig benutzt. Lieblingsshampoo, Pflegeartikel…

Überhaupt: Dein Badezimmer sollte ein Ort der Ruhe sein. Richte es so ein, dass du dir darin deiner eigenen Stärke bewusst bist, gestalte es dynamisch und inspirierend. Sorge auch dafür, dass nicht zuviel offen herumsteht. So kannst du dein Badezimmer leicht sauber halten und eine regelmäßige Reinigung dauert nur wenige Minuten.

Generell gilt: Besinne dich auf dein Heim und mache es Schritt für Schritt zu einem Ort der Behaglichkeit. Es muss für Ruhe und Entspannung sorgen, nicht für Unfrieden und Chaos. Schließlich möchtest du ja, dass man sich bei dir wohlfühlt.

Ein aufgeräumter Schreibtisch, eine gepflegte Umgebung, ein sauberes Bad sind die Grundvoraussetzung für Besinnung und Konzentration und falls du jetzt meinst, dass das alles doch wahnsinnig viel Zeit in Anspruch nimmt, Zeit, die du doch sinnvollerweise auch anders gestalten könntest, muss ich dir widersprechen. Die Zeit, die du ins Aufräumen und Ausmisten investierst, erhältst du mit Zinsen zurück.

6. Sei nett zu dir!

Was soll denn nun das, fragst du dich sicher. Sei nett zu dir!? Ist doch logisch, dass man nett zu sich ist!? Ist doch das Allernatürlichste, oder!?

Leider ist es das nicht. Wenn uns etwas misslingt, schimpfen wir oft auf uns selbst. Wenn wir einen Fehler machen, dann werten wir dies oft als persönliches Versagen. Das ist ein Mechanismus, den wir häufig schon seit der Kindheit mit uns herumschleppen. Ein Mechanismus, der uns unsere Energie raubt und damit auch unsere Attraktivität.

Deshalb möchte ich dir die Frage stellen: Brauchst du denn für das, was du tust, ein externes Werturteil? Nein! Muss deine Bewertung deines Handelns konform gehen mit den Meinungen anderer? Nein!

Denke an deine Kindheit zurück. Wenn etwas schief gelaufen ist, hieß es da nicht häufig: „Warum hast du nicht aufgepasst? Warum hast du nicht nachgedacht?"

Und heute, wo du erwachsen bist? Machst du es da nicht vielleicht auch so? Stellst du dir nicht auch immer wieder diese nutzlosen Fragen? Schimpfst du nicht manchmal auf dich?

Warum machst du es dir schwer, wo es doch eigentlich so einfach ist? Sieh einen Fehler, den du gemacht hast, nicht als Niederlage sondern als Erfahrung.

Auch schlechte Erfahrungen besitzen etwas Positives. Sie bringen dich weiter. Es ist dein Leben und es endet erst mit deinem letzten Atemzug. Du musst nicht das vorgekaute Leben von anderen nachleben. Du musst deinen eigenen Weg gehen. Und der beginnt jeden Tag von Neuem. Bis zu deinem Ende.

Was uns also wieder zum Punkt bringt: Sei nett zu dir.

Du musst dich mögen. Wenn du dich nicht magst, dann mag dich auch sonst niemand. So kannst du also keine Attraktivität entwickeln.

Generell gilt: Alles, was du tust, um Anderen gefallen zu wollen, aber im Widerspruch zu dir selbst steht, schwächt dich, nimmt dir die Energie und macht dich damit zum Verlierer,

Nur wenn du dich selbst liebst, kannst du zu wahrem Selbstbewusstsein gelangen. Und offenes, selbstbewusstes Auftreten ist attraktiv und macht dich dadurch anziehend.

Dein oberstes Ziel muss also sein, dein Selbstbewusstsein und deine innere Stärke zu pflegen. Daher sage ich dir: Liebe dich selbst! Tue Gutes für dich! Schätze dich wert! Verwöhne dich! Und sage dir, dass du es auch verdienst!

Dich selbst zu lieben bedeutet, dass du dich niemals rechtfertigen musst. Nicht Anderen gegenüber und auch nicht dir selbst gegenüber. Handle frei und stehe zu deiner Freiheit.

Lobe dich ab und zu und rede gut mit dir selbst. Schimpfe nicht auf dich. Schlage dich nicht – auch das ist etwas, das bei Menschen, die voller Selbstzweifel stecken, gar nicht so selten vorkommt.

Eine Massage, ein gutes Essen, ein cooles Konzert, eine interessante Reise etc…

Tu es!

Alles, was dir gefällt, tut dir gut. Alles, was dir Glücksgefühle und Entspannung schenkt, stärkt dich. Und generell gilt: Hände weg vor Drogen! Egal ob Alkohol, Nikotin oder all die anderen –„in“s. Drogen verstärken bestenfalls nur die in dir vorherrschenden Gefühle, auch die Negativen.

Denke immer daran: Dein oberstes Ziel muss es sein, glücklich mit deinem Leben zu werden und es zu genießen. Denn nur so kannst du zu attraktivem Selbstbewusstsein gelangen.

7. Entwickle Visionen für deine Zukunft!

Ich habe dir ein paar Beispiele dafür gegeben, was gut für dich sein könnte, aber natürlich kenne ich dich nicht persönlich und jeder Mensch ist auch anders.

Was ist gut für DICH? Was brauchst DU?

Besinne dich auf DICH selbst, befreie DEINEN Geist von den Klischees, die dir Eltern, Gesellschaft und Medien aufgebürdet haben, und überlege dir, welche Wünsche DICH im Leben bewegen. Was möchtest DU erreichen? Was wünschst DU DIR? Was ist DIR wichtig?

Schreibe deine Wünsche auf Zettel – oder noch besser - visualisiere sie durch Fotos, wie du sie in jeder Zeitschrift findest. Ein geselliger Abend mit guten Freunden, eine Reise, eine Lebensphilosophie.

Bereite nun dein Vision Board vor. Am besten eignet sich dafür eine große Pinnwand oder eine Magnettafel. Sie sollte schlicht sein und du solltest sie am besten gut sichtbar an einen Ort aufstellen, auf den du blickst, wenn du Entspannung suchst - in deinem Schlafzimmer vielleicht - sodass dein erster Blick am Morgen und dein letzter Blick am Abend auf das Board fällt.

Befestige nun alle deine Wünsche und Ziele auf deinem Vision Board, indem du dort die Zettel und Zeitschriftenausschnitte anheftest.

Betrachte diese deine Ziele und unternimm in Gedanken Traumreisen, auf denen du diese Ziele erreichst. Überlege dir, welche Steine du auf dem Weg dorthin weg räumen musst. Mach dir dazu eine TO-DO-Liste.

Was ich dir hier vorschlage, ist nicht etwa spiritueller Unsinn. Nein, es ist bewiesen, dass häufig erst die Manifestation der Gedanken deren Realisierung ermöglicht.

Du wirst überrascht sein, was die reine Existenz dieses Vision Boards für dich und deine Zukunft bewirken kann.

Wünsche sind aber natürlich nicht die einzige Säule, auf der du zu deiner neuen Attraktivität gelangen kannst. Die zweite Säule ist eine, die uns gerade heutzutage - in einer Welt, in der wir fast alles haben, was wir tatsächlich brauchen oder uns unterbewusst wünschen - oft fehlt:

Es ist die Säule der Dankbarkeit.

Früher wurde in vielen Familien vor dem Essen gemeinsam gebetet. Man dankte Gott für das gemeinsame Mahl und die Gnade, gemeinsam mit den Lieben am Tisch sitzen zu dürfen.

Wirkliche Dankbarkeit, selbst das einfache kleine ernst gemeinte Wort „Danke“ geht uns leider heutzutage immer mehr verloren. Und dabei ist Dankbarkeit so wichtig.

Versuche diesem abwertenden Trend zu widerstehen. Du musst dazu weder religiös sein, noch an Gott glauben. Du musst dir nur der Unbeständigkeit des Geschenkes „Glück“ bewusst werden.

Es gibt so viele Dinge, für die du Tag für Tag dankbar sein kannst. Auch hierbei gilt wieder: Achte auf die kleinen Dinge des Lebens, mache sie dir bewusst und erkenne ihre universelle Bedeutung.

Wenn du zerstreut eine Straße überqueren willst und jemand dir „Vorsicht!“ zuruft, weil du ein Auto übersehen hast, so hat er dir in diesem Moment womöglich das Leben gerettet.
Was zählen dagegen Streitigkeiten am Arbeitsplatz oder Jobverlust?

Solltest du da nicht dankbar sein?
Du kennst es vielleicht aus religiösen Jugendgruppen: Abends saß man gemeinsam zusammen und dankte Gott für den Tag und die glücklichen Fügungen, die dieser genommen hat.

Was dir damals vielleicht albern vorgekommen ist, ist jedoch eminent wichtig. Nimm das Leben bewusst wahr und genieße seine kleinen Augenblicke des Glücks. Ein Lächeln, ein aufmunterndes Wort, eine Berührung, eine überraschende Wendung zum Guten – all dies verändert deinen Alltag zum Guten. Und wenn du deinen Blick dafür schärfst, öffnen dir solche Erfahrungen das Bewusstsein für die Einzigartigkeit deines Lebens.

„Bei mir ist jeder Tag gleich schlecht!“ Diesen Satz hast du vielleicht schon öfter gehört oder gesagt, aber er ist Unsinn. Ein solcher Satz verrät dem Zuhörer nämlich nur Eines: Sein Gegenüber ist nicht dazu in der Lage das Einzigartige jedes Tages zu erfassen. Es könnte vermutlich sein Glück sogar sehen und dennoch einfach an ihm vorbei laufen.

Auch wenn es dir manchmal so scheint, als ob du am Ende des Tages für nichts Gutes danken kannst, so zwinge dich doch vor dem Zubettgehen dazu, mindestens drei Punkte zu finden, für die du dankbar sein kannst. Versuche dies und du wirst sehen, dass sich dein Leben schon bald ins Positive verändern wird.

Erlebe die Welt mit offenen Augen. Das Leben ist lebenswert. Der große Moment ist letztlich auch nichts Anderes als einer von vielen kleinen. Jeder Tag bietet unendlich viele Wege. Wenn jemand sagt, alles wäre immer das Gleiche, dann nur, weil er sich gegen diese Wege verschlossen hat. Wenn jeder Tag bei dir der gleiche ist, dann nur deshalb – weil DU es so willst.

Mache dich also frei von den Bildern, denen du zu entsprechen glaubst!

Lebe bewusst, denn nur dann gelangst du zu deinem wahren Selbst und wirst Ausgeglichenheit, Attraktivität und Stärke ausstrahlen! Stärke, die dich davor schützt, jemals wieder das Opfer eines Seelendiebs zu werden, der sich von dir ernährt.

Weitere Bücher von Melanie Stalner:

Umgang mit Soziopathen Manchmal musst du den Kontakt zu einem Menschen halten, dessen Persönlichkeit so problematisch ist, dass du am liebsten davon laufen möchtest. Dieser kleine Ratgeber soll all den Menschen helfen, die nicht einfach davon laufen können, weil sie an den Soziopathen gebunden sind, aus welchen Gründen auch immer.	

Trennung vom Soziopathen Wie bewerkstelligst du die Trennung vom Soziopathen? Wie gehst du im Falle des gemeinsamen Sorgerechts mit dem Soziopathen um? Wie schützt du das Kind und dich selbst vor seiner zerstörerischen Energie? Wie behältst du dabei Überblick, Nerven und seelische Gesundheit? Kein Rezept, aber doch eine Sammlung guter Rezepturen, die dir dabei helfen, dem Soziopathen erfolgreich Widerstand leisten zu können.	

„Soziopathen-Prinzip“

Eigentlich will der Mensch doch nur in Frieden leben - denkst du? Was aber, wenn die Natur noch immer einen Störfaktor hineinstreut, wie einen Glitzersticker in eine Sammelbildertüte? Wie sehr ist unsere Gesellschaft vom soziopathischen Prinzip durchdrun-gen und wie sehr stehen wir uns dabei im Weg, dies mit offenen Augen zu erkennen?

Glücklich leben –
trotz Umgang mit Soziopathen

Wie geht es weiter nach der Trennung vom Soziopathen? Wie kommst du mit den Folgen dieser unheilvollen Beziehung klar. Wie kannst du nach einer Beziehung mit einem Soziopathen die Scherben der eigenen Psyche wieder zusammenkleben und heilen lassen? Einige verblüffende Wege zeigt dieses Buch.

Wechselmodell – Die Verstümmelung der kindlichen Psyche

Entspricht es tatsächlich dem Kindeswohl, ein Kind nach der Trennung zwischen seien Eltern aufzuteilen? Und lässt sich die Organisation dieses Modells im Alltag überhaupt gestalten?
Melanie Stalner geht wie gewöhnlich kritisch und kompromisslos an ein heikles Thema heran und richtet darüber hinaus auch hier das Augenmerk auf die Soziopathie in der Gesellschaft.

„Soziale Intelligenz“ – von Anfang an

Lassen sich Soziopathen vermeiden und wie? Oder laufen wir selbst durch unser eigenes Unvermögen unsere Gesellschaft zu gestalten, in Gefahr, soziopathisches Verhalten unreflektiert auszuprägen und weiterzugeben?
Was ist uns verloren gegangen, und was müssen wir wieder finden, um eine gesunde Gesellschaft zu schaffen?

Besuche MELANIE STALNER auf
www.melanie-stalner.com

Printed in Poland
by Amazon Fulfillment
Poland Sp. z o.o., Wrocław

62806643R00073